中国公路建设行业协会标准

公路路堤刚性桩复合地基技术指南

Technical Guidelines for Rigid Pile Composite Foundation under Highway Embankment

T/CHCA 003—2019

主编单位：中国铁建港航局集团有限公司
　　　　　广东省交通规划设计研究院股份有限公司
　　　　　天津大学
批准部门：中国公路建设行业协会
实施日期：2019 年 10 月 01 日

人民交通出版社股份有限公司

图书在版编目(CIP)数据

公路路堤刚性桩复合地基技术指南／中国铁建港航局集团有限公司，广东省交通规划设计研究院股份有限公司，天津大学主编. — 北京：人民交通出版社股份有限公司，2019.12
　ISBN 978-7-114-16082-0

Ⅰ.①公… Ⅱ.①中… ②广… ③天… Ⅲ.①公路—路堤—复合桩基—工程施工—指南 Ⅳ.①U416.1-62

中国版本图书馆 CIP 数据核字(2019)第 286348 号

标准类型：	中国公路建设行业协会标准
标准名称：	公路路堤刚性桩复合地基技术指南
标准编号：	T/CHCA 003—2019
主编单位：	中国铁建港航局集团有限公司
	广东省交通规划设计研究院股份有限公司
	天津大学
责任编辑：	黎小东　石　遥
责任校对：	张　贺　龙　雪
责任印制：	张　凯
出版发行：	人民交通出版社股份有限公司
地　　址：	(100011)北京市朝阳区安定门外外馆斜街 3 号
网　　址：	http://www.ccpress.com.cn
销售电话：	(010)59757973
总 经 销：	人民交通出版社股份有限公司发行部
经　　销：	各地新华书店
印　　刷：	北京鑫正大印刷有限公司
开　　本：	880×1230　1/16
印　　张：	6
字　　数：	126 千
版　　次：	2019 年 12 月　第 1 版
印　　次：	2019 年 12 月　第 1 次印刷
书　　号：	ISBN 978-7-114-16082-0
定　　价：	60.00 元

(有印刷、装订质量问题的图书，由本公司负责调换)

中国公路建设行业协会
公　告

第 3 号

中国公路建设行业协会关于发布
《公路路堤刚性桩复合地基技术指南》的公告

现发布《公路路堤刚性桩复合地基技术指南》(T/CHCA 003—2019)，作为中国公路建设行业协会标准(团体标准)，推荐全行业使用，自 2019 年 10 月 1 日起施行。

《公路路堤刚性桩复合地基技术指南》(T/CHCA 003—2019)的管理权和解释权归中国公路建设行业协会，日常解释和管理工作由主编单位中国铁建港航局集团有限公司负责。

各有关单位如在执行实践中发现问题或有修改意见，请函告中国铁建港航局集团有限公司(地址:珠海市前山翠峰街 189 号，邮编:519070，电子邮箱:617067152@qq.com)，以便修订时研用。

中国公路建设行业协会
二〇一九年八月二十七日

前　言

根据中国公路建设行业协会《关于〈公路隧道喷射混凝土施工技术规程〉等4项协会标准立项和大纲审查情况的函》(中路建协函〔2017〕18号)的要求,指南编制组经广泛调查研究,总结实践经验,参考有关国际标准和国外先进标准,并在广泛征求意见的基础上,编制了本指南。

本指南主要技术内容包括:总则、术语和符号、勘察、计算分析、设计、施工、质量检验与监测等。

本指南由中国公路建设行业协会负责管理,由中国铁建港航局集团有限公司负责具体技术内容的解释。执行过程中如有意见或建议,请寄送中国铁建港航局集团有限公司(地址:珠海市前山翠峰街189号,邮编:519070)。

主 编 单 位：中国铁建港航局集团有限公司
广东省交通规划设计研究院股份有限公司
天津大学

主要起草人员：刘吉福　黄　腾　郑　刚　梁立农　刘齐辉　周海祚
张修杰　林延鹏　梁志勇　谭祥韶　薛　威　魏贤华

目　次

1 总则 ··· 1
2 术语和符号 ··· 2
　2.1 术语 ·· 2
　2.2 符号 ·· 3
3 勘察 ··· 5
　3.1 一般规定 ·· 5
　3.2 平原、三角洲软土地基勘察 ··· 6
　3.3 丘陵、山区软土地基勘察 ·· 9
4 计算分析 ··· 10
　4.1 一般规定 ·· 10
　4.2 荷载确定或计算 ·· 10
　4.3 承载力确定或计算 ··· 13
　4.4 应力计算 ·· 15
　4.5 路基稳定分析 ·· 18
　4.6 路堤的总沉降及工后沉降 ·· 27
5 设计 ··· 35
　5.1 一般规定 ·· 35
　5.2 工作垫层 ·· 37
　5.3 刚性桩 ·· 38
　5.4 基础 ··· 47
6 施工 ··· 54
　6.1 一般规定 ·· 54
　6.2 施工准备 ·· 54
　6.3 预制桩 ·· 55
　6.4 灌注桩 ·· 57
　6.5 注浆桩 ·· 58
　6.6 劲芯搅拌桩 ··· 60
　6.7 桩帽、连梁、筏板 ·· 61
　6.8 褥垫层 ·· 62
　6.9 土工合成材料 ·· 62

7 质量检验与监测 ·· 63
7.1 一般规定 ··· 63
7.2 质量检验 ··· 63
7.3 刚性桩施工期间监测 ··· 66
7.4 路堤填筑期间监测 ··· 66
7.5 工后监测 ··· 69

附录 A 刚性桩复合地基桩土应力比 ·· 71

附录 B 路堤边坡刚性桩弯矩计算简易方法 ·· 74

附录 C 试桩和施工方案要求 ·· 78

附录 D 工程算例 ·· 80

本指南用词用语说明 ·· 86

1 总则

1.0.1 为指导公路路堤刚性桩复合地基的设计与施工,保证工程质量,制定本指南。

1.0.2 本指南适用于各等级公路新建、改扩建工程路堤的刚性桩复合地基。

1.0.3 公路路堤刚性桩复合地基应进行动态设计,加强施工过程控制。

1.0.4 公路路堤刚性桩复合地基应因地制宜、就地取材、保护环境、节约资源。

1.0.5 公路路堤刚性桩复合地基除应符合本指南的规定外,尚应符合国家和行业现行有关标准的规定。

条文说明

现行行业规范《公路软土地基路堤设计与施工技术细则》(JTG D31-02)、《公路路基设计规范》(JTG D30)、《公路工程质量检验评定标准 第一册 土建工程》(JTG F80/1)等均含有关于刚性桩复合地基的规定,本指南是对上述现行行业标准的细化、补充。

2 术语和符号

2.1 术语

2.1.1 刚性桩　rigid pile
地基处理中桩土变形不协调、单桩竖向极限承载力不受桩身强度控制的胶结桩,主要包括水泥粉煤灰碎石桩(CFG桩)、素混凝土桩、塑料套管混凝土桩(TC桩)、预制管桩、地质钻机成孔灌注桩、薄壁筒桩等。

2.1.2 刚性桩复合地基　rigid pile composite foundation
刚性桩与桩间土共同承担荷载的人工地基。

2.1.3 复合地基置换率　replacement ratio of composite foundation
单桩横截面积与单桩分担面积的比值。

2.1.4 桩帽　pile cap
桩顶扩大头结构。

2.1.5 桩帽覆盖率　degree of pile cap coverage
桩帽面积与单桩分担面积的比值。

2.1.6 路堤临界高度　critical height of embankment
使土拱达到屈服状态的桩(帽)顶面以上最小填土高度。

2.1.7 工作垫层　working platform
为软基处理设备提供工作面的垫层。

2.1.8 褥垫层　cushion
用于调整桩土荷载比例的垫层。

2.1.9 整体滑动　overall slide
桩与土共同剪切破坏的滑动。

2.1.10 绕流滑动 flow slide
桩间土绕过刚性桩的滑动。

2.2 符号

2.2.1 几何参数

A_p——桩身横截面面积；

A_u——单桩分担面积；

b——桩帽边长；

D——桩间距；

d——桩直径。

2.2.2 作用和作用效应

F_{am}——桩身最大轴力；

P_p——桩顶荷载；

P_{pa}——土拱效应控制的桩帽荷载；

P_u——单桩分担面积内桩帽顶面以上荷载；

Q_s^n——负摩擦力；

S——复合地基沉降量。

2.2.3 抗力和材料性能

c_p——桩身黏聚力；

c_s——土的黏聚力；

c_{sp}——复合黏聚力；

C_u——不排水抗剪强度；

E_p——桩体弹性模量；

E_s——土的压缩模量；

E_{sp}——复合模量；

f_{sk}——天然地基极限承载力标准值；

f_{spk}——复合地基极限承载力标准值；

Q_{uk}——单桩竖向极限承载力标准值；

φ_{sp}——复合内摩擦角；

φ_p——桩的内摩擦角；

φ_s——土的内摩擦角；

γ_s——桩间土重度。

2.2.4 计算系数

m_p——桩置换率；

n——桩土应力比。

3 勘察

3.1 一般规定

3.1.1 路堤刚性桩复合地基应采用综合勘察的方法,取得详细的工程地质、水文地质和环境条件等资料。

3.1.2 符合表 3.1.2 规定的黏性土应定名为软土。

表 3.1.2 软土鉴别指标

特征指标名称	天然含水率（%）	天然孔隙比	静力触探锥尖阻力（kPa）	十字板抗剪强度（kPa）
黏土、有机质土	≥液限	≥1.0	≤750	≤35
粉质黏土		≥0.9		

3.1.3 路堤刚性桩复合地基勘察应查明或收集以下资料：

1 公路沿线及其附近气象、地形地貌、地上与地下管线或障碍物、古河道、周边环境等资料；

2 地基的地层结构、种类、成因类型、沉积时代、空间分布；

3 地基各土层的物理、力学、化学性质指标；

4 地下水类型、埋深、水位变化、主要含水土层、地下水动力特征及其化学特征等；

5 临水路基附近的水文资料；

6 路堤填料的种类、击实土的重度、直接快剪指标、浸水状态直接快剪指标,既有路基加固应查明路基土桩侧摩阻力和桩端阻力；

7 既有路基应查明沉降情况、路基稳定性等,必要时监测既有路基的沉降和位移；

8 应查明是否存在不良地质作用,液化土层、岩溶等特殊性岩土的分布及其对刚性桩复合地基的危害程度。

条文说明

4 地下水流动时,可能导致 CFG 桩等现场灌注桩在地下水流动的地层难以成桩,因此查明地下水动力特征对桩型选择非常重要。查明地下水的化学特征的主要目的是判断对混凝土、钢筋的腐蚀性。

3.1.4 勘察时应评价成桩可能性及对周围土体、工程设施等的影响。

3.1.5 初勘宜以钻探、室内土工试验为主,详细勘察应根据初勘结果确定合理的勘察方法。对软黏土地基,详勘宜以静力触探、十字板剪切试验等原位测试手段为主,并与钻探、室内土工试验配合使用。

条文说明

静力触探等原位勘察手段利于较准确地测得软土的力学指标,以准确分析路基稳定性。但是静力触探难以穿过硬塑黏性土和密实砂层,因此需要采用钻探与静力触探配合使用。

3.1.6 每个钻孔均宜进行标贯或动力触探试验等原位测试。持力层以上每 2m 宜进行一次标贯试验,持力层每 1m 宜进行一次测试。

3.2 平原、三角洲软土地基勘察

3.2.1 路堤高度大于天然地基极限填土高度的路段,施工图勘察阶段静力触探孔、十字板试验孔占勘察孔的比例不宜小于60%。

3.2.2 勘察孔布置应符合下列要求:

1 二级及二级以上公路勘察孔纵向间距宜为 100~200m,二级以下公路勘察孔纵向间距宜为 200~300m,软土厚度较大、地层变化显著的路段应取小值。路堤高度大于天然地基极限填土高度的路段勘察孔纵向间距宜为 50m。
2 每个桥台、涵洞、通道、挡土墙的勘察孔不应少于 2 个。
3 勘察横断面间距宜为勘察孔纵向间距的 2~4 倍,软土厚度或深度变化大时勘察横断面间距不宜超过 100m。
4 初勘阶段勘察孔数量不宜少于总勘察孔数量的 1/3。
5 控制性钻孔数量不宜少于总勘察孔数量的 1/3。
6 桥头、通道、涵洞、挡土墙、路堤高度大于 5m 的软基路段应布设控制性钻孔。

条文说明

1 公路路基沿线地质变化大,勘察孔间距过大可能导致勘察孔之间实际的地质情况与勘察孔揭示的地质差别较大,可能导致路基滑塌、工后沉降过大。即使通过加大试桩数量、复合地基桩体施工深度控制技术等避免上述事故,却又可能产生较多工程变更,不利于项目管理。适当加密勘察孔是预防此类事情的很好手段。欧美标准中勘探孔最密间距可为 20~30m。因此,对超过极限填土高度的路段建议勘察孔间距不大于 50m。

3.2.3 勘察孔深度应符合下列要求：

1 控制性钻孔应进入强风化基岩或深度大于60m；

2 其他勘察孔应穿透软土层或深度大于40m。

3.2.4 用于土工试验的软土取样应符合下列要求：

1 地面以下10m内，应沿深度每1.0m取一组样品，10~20m内应沿深度每1.5m取一组样品，20m以下可每2m取一组样品；

2 软土取样应利用薄壁取土器采用压入法，极软淤泥宜采用固定活塞式取土器，取土器长度应大于500mm；

3 土样应密封后置于防振的样品箱内，不应平放和倒置，不宜长期存放。

3.2.5 土工试验应符合下列要求：

1 初步设计阶段软土测试应符合表3.2.5中所有指标，施工图阶段应根据采用的软基处理方法按表3.2.5的规定确定软土测试指标。

表3.2.5 软土测试指标

序号	指 标	刚 性 桩	刚性桩与排水固结联合应用
1	天然含水率	√	√
2	天然重度	√	√
3	颗粒比重	√	√
4	天然孔隙比	√	√
5	塑限	√	√
6	液限	√	√
7	塑性指数	√	√
8	液性指数	√	√
9	压缩曲线	√	√
10	压缩模量	√	√
11	压缩指数	√	√
12	固结系数	√	√
13	渗透系数	√	√
14	固结快剪或固结不排水剪黏聚力	×	√
15	固结快剪或固结不排水剪内摩擦角	×	√
16	无侧限抗压强度	□	□
17	十字板强度或静力触探锥尖阻力	√	√

续上表

序号	指　　标	刚　性　桩	刚性桩与排水固结联合应用
18	硫酸盐含量	√	√
19	镁盐含量	√	√
20	铵盐含量	√	√
21	苛性碱含量	√	√
22	总矿化度	√	√
23	pH 值	√	√
24	侵蚀性 CO_2	√	√
25	HCO^{-1}	√	√
26	氯离子含量	√	√
27	有机质含量	×	×

注：√表示应测试项目，□表示可选项目，×表示不测项目。

2 对桥头、通道、涵洞、挡土墙、路堤高度大于8m的路段，可塑、软塑的黏土、粉质黏土应测试压缩指标、固结系数和抗剪强度指标等。

3 直接快剪试验宜在前期固结应力下固结后再进行直接快剪试验。固结快剪试验的最小固结压力应大于软土前期固结应力，最大固结压力应大于软土自重应力与路堤荷载集度之和。

4 软土前期固结压力试验加载等级宜为12.5kPa、25kPa、50kPa、100kPa、200kPa。

5 勘察报告应提供压缩试验和抗剪强度试验的相关曲线、无侧限抗压试验和三轴试验试验后的土样照片、土工试验成果表等。

条文说明

1 初步设计阶段需要确定地基处理方法，为便于比较和推荐地基方法，因此建议软土测试表3.2.5中的所有指标。施工图设计阶段已经明确地基处理方法，主要确定地基处理设计参数，因此可以根据选定的地基处理方法需要选择软土测试项目。

2 工程实践表明，桥头、通道、涵洞、挡土墙、路堤高度大于8m的路段，不属于软土的黏质土、粉质土下卧层产生的工后沉降往往占了较大比例，也可能产生稳定问题，因此，对上述位置处的不属于软土的黏质土和粉质土，也应测试对路堤稳定、沉降和固结有影响的物理力学指标。

3 直接快剪试验的目的是测试软土的原位抗剪强度。钻孔取土、运输、制样过程对土体结构扰动较大，导致根据直接快剪指标得到软土原位抗剪前度严重偏低，计算的路堤稳定安全系数与工程实际差别较大。为克服上述缺点，建议根据固结试验测定软土的前期固结压力，在前期固结压力下固结后再进行快剪，以提高软土原位抗剪强度的准确性。

3.2.6 试验结果应按工程地质单元、区段及层位分别进行统计，主要参数应计算平均值、标准差、标准值等。

3.3 丘陵、山区软土地基勘察

3.3.1 勘探间距应符合下列要求：
  1 每个谷地或地质单元沿路线方向勘察孔不应小于 2 个、勘察横断面不应少于 1 个；
  2 当沿路线横向地质变化大时，勘察横断面应在线路外布置 1~2 个勘察孔。

3.3.2 勘察孔深度应符合本指南第 3.2.3 条的规定。

3.3.3 丘陵区、山区软土试验、测试项目应符合本指南第 3.2.5 条的规定。

3.3.4 施工图设计阶段，每个谷地、每个地质单元应单独提供平面图、地质剖面图和物理力学参数统计值。

3.3.5 施工前应利用挖探等手段查明软土空间分布。需查明软土强度时，宜采用静力触探、十字板试验等手段进行测试。

4 计算分析

4.1 一般规定

4.1.1 公路刚性桩复合地基路堤应分析其稳定性、计算总沉降和工后沉降,结构物下复合地基还应计算承载力。

4.1.2 软土层厚度超过10m时,计算分析时宜分层确定软土抗剪强度、压缩模量等指标,分层厚度不宜大于10m。

条文说明
　　工程实践表明,软土抗剪强度、压缩模量等指标随深度变化明显,为合理进行稳定分析、沉降计算,当软土厚度超过10m时,宜分层确定指标。固结快剪抗剪强度指标主要取决于土质,与深度关系不大,因此未要求分层确定。

4.2 荷载确定或计算

4.2.1 路堤稳定分析、复合地基承载力验算时的荷载应包括路堤重量、路面结构重量、路面活载和地震荷载等。

4.2.2 路堤沉降计算时的荷载应包括路堤重量、路面结构重量等,沉降较大时应考虑沉降补填土方荷载。

4.2.3 土拱效应控制的桩(帽)顶面荷载、桩(帽)间荷载集度计算应符合下列规定:
1 $\alpha_p = 1$ 对应的临界高度 H_c 宜等于按将式(4.2.3-1)~式(4.2.3-3)计算的 h。

$$D^2 h \gamma_f = P_{pa} + p_{sc}(D^2 - b^2) \tag{4.2.3-1}$$

$$P_{pa} = \frac{2\alpha_p D^2 K_p p_{sc}}{1 + \alpha_p K_p}\left[(1-\delta_c)^{1-\alpha_p K_p} - (1-\delta_c)(1+\delta_c \alpha_p K_p)\right] \tag{4.2.3-2}$$

$$p_{sc} = \left[\gamma_f h - \frac{\sqrt{2}\gamma_f D(1-\alpha_p K_p)}{3-2\alpha_p K_p}\right](1-\delta_c)^{2(\alpha_p K_p - 1)} + \frac{\sqrt{2}\gamma_f(D-b)(1-\alpha_p K_p)}{3-2\alpha_p K_p} \tag{4.2.3-3}$$

式中：D——桩间距（m）；

h——桩（帽）顶面以上填土高度（m）；

γ_f——填土重度（kN/m³）；

P_{pa}——土拱效应控制的桩（帽）顶面荷载（kN）；

p_{sc}——桩（帽）间荷载集度（kPa）；

b——桩（帽）边长（m）；

α_p——临塑系数；

K_p——被动土压力系数；

δ_c——桩（帽）边长与桩间距的比值。

2 褥垫层厚度小于 $2(D-b)$ 时，桩（帽）顶面以上 $2(D-b)$ 内填料综合内摩擦角可按式（4.2.3-4）确定。褥垫层厚度不小于 $2(D-b)$ 时，取褥垫层的内摩擦角。

$$\tan\varphi = \frac{h_m\tan\varphi_m + [2(D-b) - h_m]\tan\varphi_f}{2(D-b)} \quad (4.2.3-4)$$

式中：φ——桩（帽）顶面以上 $2(D-b)$ 内填料综合内摩擦角（弧度）；

h_m——褥垫层厚度（m）；

φ_m——褥垫层内摩擦角（弧度）；

φ_f——褥垫层以上填料内摩擦角（弧度）。

3 当 $h < H_c$ 时，应由 h 根据式（4.2.3-1）~式（4.2.3-3）得到 α_p 及相应的 P_{pa} 和 p_{sc}。

4 当 $h \geq H_c$ 时，应按式（4.2.3-5）~式（4.2.3-7）计算桩土荷载。

$$R_p = \frac{P_{pac}}{\gamma_f H_c A_u} \quad (4.2.3-5)$$

$$P_{pa} = \gamma_f h A_u R_p \quad (4.2.3-6)$$

$$p_{sc} = \frac{\gamma_f h A_u (1 - R_p)}{A_u - A_c} \quad (4.2.3-7)$$

式中：R_p——桩荷载率；

P_{pac}——H_c 对应的 P_{pa}（kN）；

H_c——临界高度（m）；

A_u——单桩分担面积（m²）；

A_c——桩帽面积（m²）。

5 桩土应力比 n 可根据 P_{pa} 和 p_{sc} 计算得到。当桩（帽）以上填土高度大于表附录 A-1 中的临界高度时，桩土应力比可查附录表 A-1 得到，否则查附录表 A-2。

6 桩间荷载集度应按式（4.2.3-8）计算。

$$p_{sp} = \frac{A_u - A_c}{A_u - A_p} p_{sc} \quad (4.2.3-8)$$

式中：p_{sp}——桩间荷载集度（kPa）；

A_p——桩身横截面面积（m²）。

7 连梁竖向荷载集度宜取 p_{sc}。

条文说明

1 英国《加筋土工程技术规范》(BS 8006-1:2010)采用 Hewlett 和 Randolph 提出的下列公式计算拱顶和拱脚控制的桩荷载率、桩帽间荷载集度。

$$E_{\text{crown}} = 1 - \left[1 - \left(\frac{b}{D}\right)^2\right]\left[\left(1-\frac{b}{D}\right)^{2(K_p-1)} - \frac{D}{\sqrt{2}h}\left(\frac{2K_p-2}{2K_p-3}\right)\left(1-\frac{b}{D}\right)^{2(K_p-1)} + \frac{D-b}{\sqrt{2}h}\left(\frac{2K_p-2}{2K_p-3}\right)\right]$$

(4-1)

$$E_{\text{cap}} = \frac{\dfrac{2K_p}{(K_p+1)\left(1+\dfrac{b}{D}\right)}\left[\left(1-\dfrac{b}{D}\right)^{-K_p} - 1 - K_p\dfrac{b}{D}\right]}{1 + \dfrac{2K_p}{(K_p+1)\left(1+\dfrac{b}{D}\right)}\left[\left(1-\dfrac{b}{D}\right)^{-K_p} - 1 - K_p\dfrac{b}{D}\right]}$$

(4-2)

$$p_{\text{sc}} = \frac{h\gamma_f D^2[1 - \min(E_{\text{crown}}, E_{\text{cap}})]}{D^2 - b^2}$$

(4-3)

式中：E_{crown}——拱顶控制的桩帽荷载率；

E_{cap}——拱脚控制的桩帽荷载率。

Hewlett 和 Randolph 假设拱顶、拱脚土体发生屈服破坏，导致路堤低于临界高度时计算的桩土荷载偏大，路堤高于临界高度时计算的桩土荷载偏小。陈云敏院士引进临塑系数，改进了 Hewlett 极限状态空间土拱效应分析方法。由图4-1可知，土体屈服前，陈云敏公式计算的桩土应力比小于 Hewlett 和 Randolph 公式计算的桩土应力比。工程实测资料表明，陈云敏公式更接近实际情况。《公路软土地基路堤设计与施工技术细则》(JTG/T D31-02—2013)也采用陈云敏公式。因此本指南采用陈云敏公式。

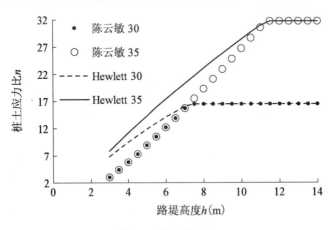

图 4-1 桩土应力比

陈云敏公式是基于桩不破坏且桩土压缩模量比大于桩土应力比的，否则计算的桩土应力比偏大，应通过试验或根据经验确定桩土应力比。

土工格栅将部分路堤荷载向桩顶转移。但是计算分析表明，土工格栅向桩顶转移的荷载较小，为简便起见，可不考虑土工格栅向桩顶转移的荷载。

2 对土拱高度，日本细则采用了应力扩散角的概念，假定桩网复合地基平面土拱的形式为三角形楔体，顶角为材料的内摩擦角的 2 倍。如果褥垫层较薄或褥垫中混入填土较多，土拱范围内填料内摩擦角接近 20°，则土拱高度接近桩净间距的 2 倍。为简便起见，对 2 倍桩净间距高度范围的填料按厚度加权平均确定 φ。

5 按照陈云敏公式，路堤土内摩擦角越大、桩帽边长与桩间距的比值越大，临界高度和最大桩土应力比越大。路堤土内摩擦角对临界高度和最大桩土应力比有影响，对低于临界高度的路堤的桩土应力比没有影响。因此表 A-2 与路堤土内摩擦角无关。

7 由图 4-2 可知，相邻桩之间的连梁位于土拱下方，其承受的竖向荷载集度与桩帽间土承担的荷载集度接近。

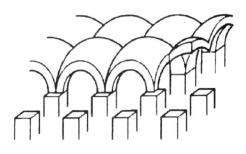

图 4-2 路堤中土拱示意图

4.3 承载力确定或计算

4.3.1 单桩竖向极限承载力宜通过试桩确定。无实测资料时，刚性桩应取土抗力、桩身压屈、桩身弯矩控制的竖向极限承载力中的小者。

条文说明

由于刚性桩桩身强度人工控制性强，通常根据土抗力提供的竖向极限承载力对桩身强度提出要求，而不是根据桩身强度确定单桩竖向极限承载力。

4.3.2 土抗力控制的竖向极限承载力宜根据静力触探结果计算。

4.3.3 采用静力触探结果计算单桩竖向极限承载力应符合下列规定：

1 单桩竖向极限承载力宜按式（4.3.3-1）计算。

$$Q_{uk} = u_p \sum \beta_i f_{si} \Delta z_i + \alpha_b A_p q_{cc} \tag{4.3.3-1}$$

式中：Q_{uk}——竖向极限承载力标准值（kN）；

u_p——桩周长（m）；

β_i——第 i 层土极限摩阻力综合修正系数；

f_{si}——第 i 层土侧阻平均值（kPa）；

Δz_i——第 i 层土的厚度（m）；

α_b——桩端极限承载力综合修正系数；

A_p——桩底面积（m^2）；

q_{cc}——桩底端阻计算值（kPa）。

2 桩底以上$4d$范围内平均端阻q_{c1}小于桩底以下$4d$范围内平均端阻q_{c2}时，q_{cc}取两者的平均值，否则取q_{c2}。

3 预制桩侧第i层土的平均端阻大于2000kPa，且相应摩阻比不大于1.4%时，β_i按式（4.3.3-2）计算，反之按式（4.3.3-3）计算。当$\beta_i f_{si}$大于100kPa时，宜取100kPa。

$$\beta_i = 5.067(f_{si})^{-0.45} \tag{4.3.3-2}$$

$$\beta_i = 10.045(f_{si})^{-0.55} \tag{4.3.3-3}$$

4 预制桩q_{c2}大于2000kPa，且相应摩阻比不大于1.4%时，α_b按式（4.3.3-4）计算，反之按式（4.3.3-5）计算。

$$\alpha_b = 3.975(q_{cc})^{-0.25} \tag{4.3.3-4}$$

$$\alpha_b = 12.064(q_{cc})^{-0.35} \tag{4.3.3-5}$$

5 钻孔灌注桩β_i、α_b按式（4.3.3-6）、式（4.3.3-7）计算。

$$\beta_i = 18.24(f_{si})^{-0.75} \tag{4.3.3-6}$$

$$\alpha_b = 130.53(q_{cc})^{-0.76} \tag{4.3.3-7}$$

6 沉管灌注桩β_i按式（4.3.3-8）计算。桩底高程以下$4d$（d为桩径）范围内摩阻比$R_f > 0.1013q_{c2} + 0.32$时，$\alpha_b$按式（4.3.3-9）计算，反之按式（4.3.3-10）计算。

$$\beta_i = 4.14(f_{si})^{-0.4} \tag{4.3.3-8}$$

$$\alpha_b = 1.63(q_{cc})^{-0.14} \tag{4.3.3-9}$$

$$\alpha_b = 0.45(q_{cc})^{-0.09} \tag{4.3.3-10}$$

条文说明

复合地基中刚性桩为摩擦型桩，刚性桩发生刺入破坏时运动状态与静力触探类似。工程实践表明，利用静力触探结果计算的竖向极限承载力与实际较接近。本指南式（4.3.3-1）~式（4.3.3-10）采用《铁路工程地质原位测试规程》（TB 10018—2018）推荐的公式。

4.3.4 缺少静力触探资料时，土抗力控制的竖向极限承载力可根据土工试验结果、标准贯入击数等按式（4.3.4）估算。

$$Q_{uk} = u_p \sum q_{ski} \Delta z_i + A_p q_{pk} \tag{4.3.4}$$

式中：q_{ski}——第i层土极限侧阻力标准值（kPa），软土可取不排水抗剪强度的0.5~0.7倍；

q_{pk}——桩的极限端阻力标准值(kPa)。

条文说明

本指南式(4.3.4)采用《建筑桩基技术规范》(JGJ 94—2008)推荐的公式。

4.3.5 桩身抗压强度控制的极限竖向承载力宜按式(4.3.5)计算。

$$Q_{uk} = 1.6 f_c \psi_c A_p \quad (4.3.5)$$

式中：Q_{uk}——竖向极限承载力(kN)；

f_c——轴心抗压强度设计值(kPa)；

ψ_c——成桩工艺系数,可按表4.3.5取值；

A_p——桩身横截面面积(m^2)。

表4.3.5 ψ_c

桩 型	ψ_c
非预应力预制桩	0.75
预应力预制桩	0.70~0.80
干作业非挤土灌注桩	0.90
泥浆护壁和套管护壁非挤土灌注桩	0.70~0.80
软土地区挤土灌注桩、注浆桩	0.60

条文说明

本条参考《建筑桩基技术规范》(JGJ 94—2008)的规定。

4.4 应力计算

4.4.1 加筋材料受力分析应符合下列规定：

1 不考虑加筋材料下土体反力时,加筋材料兜提力可采用式(4.4.1-1)试算得到。

$$T_{rp} = \frac{p_{sc}D(D-b)}{2b}\sqrt{1+\frac{E_g}{6T_{rp}}} \quad (4.4.1-1)$$

式中：T_{rp}——加筋材料兜提力(kN/m)；

p_{sc}——桩帽间荷载集度(kPa)；

D——桩间距(m)；

b——桩帽边长(m)；

E_g——加筋材料抗拉模量(kN/m)。

当土拱荷载大于土抗力控制的单桩竖向极限承载力时,加筋材料兜提力宜取0。

2 当路堤边坡下地基对路堤的极限摩擦力小于路堤对边坡的主动土压力的 1.5 倍时,未设置连梁的路堤主动土压力在加筋材料中产生的拉力可按式(4.4.1-2)计算。

$$T_{ds} = K_a(0.5\gamma_f h + w_s)h \tag{4.4.1-2}$$

式中:T_{ds}——路堤主动土压力在加筋材料中产生的拉力(kN/m);

K_a——主动土压力系数;

γ_f——填土重度(kN/m³);

h——桩帽以上包括路面、交通荷载等效厚度的填土高度(m);

w_s——交通荷载(kPa)。

条文说明

1 式(4.4.1-1)采用《加筋土工程技术规范》(BS 8006-1:2010)推荐的公式。

2 当路堤边坡下地基对路堤的摩擦力小于路堤对边坡的主动土压力的 1.5 倍时,由加筋材料承担路堤主动土压力的做法是借鉴美国联邦公路管理局 FHWA《地基处理手册》对桩承堤的建议,主要是为了减少对刚性桩的水平力。

4.4.2 连梁的弯矩、剪应力等宜按多支点连续梁计算。纵梁承受的拉力可取零,横梁承受的拉力宜取路堤土静止土压力与横梁间距之积。

条文说明

加筋材料延伸率通常大于 1%,横梁拉伸应变大于 0.3% 时会出现开裂。为避免横梁开裂而影响耐久性,需要限制路堤的水平位移,因此计算横梁承受的拉力时,路堤水平土压力建议采用静止土压力。

4.4.3 桩帽弯矩宜根据有限元数值分析确定。方形桩帽对应刚性桩范围的最大弯矩可按式(4.4.3-1)计算,刚性桩外侧的弯矩可按式(4.4.3-2)计算;桩对桩帽的冲切可按式(4.4.3-3)验算。

$$M_c = \frac{P_u(3\pi b - 8d)}{24\pi d} \tag{4.4.3-1}$$

$$M_c = P_u \frac{b^2 + bd + d^2}{24b^2} \tag{4.4.3-2}$$

$$P_u[1 - (a + 2h_0)^2/b^2] \leq 2.8 f_t(a + h_0)h_0 \tag{4.4.3-3}$$

式中:M_c——桩帽沿周长每米的弯矩(kN·m/m);

P_u——单桩分担面积内桩帽顶面以上荷载(kN),可取土单桩分担面积内桩帽以上路堤荷载、单桩竖向极限承载力中的小者;

b——桩帽边长(m);

d——桩直径(m);

a——方桩边长(m),圆桩时 a 取桩直径的 0.7 倍;

f_t——混凝土轴心抗拉强度设计值(kPa);

h_0——有效厚度,取桩帽底面至上层钢筋网的距离(m)。

条文说明

桩帽配筋不足会导致桩帽破坏,严重影响路堤稳定性和沉降,应重视桩帽受力分析。桩帽受力分析时假设桩帽顶面荷载均匀分布,且桩帽底面反力为零。

对于图4-3所示的方形桩帽,AF处挠度大于DE处的挠度,DE相当于一条暗梁,承担部分弯矩,减少了桩顶范围桩帽的弯矩,弯矩分布复杂,建议采用有限元等方法分析。

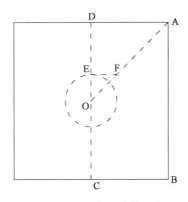

图 4-3 桩帽弯矩计算示意

桩顶范围内桩帽弯矩简化计算方法:偏保守地假设ABCD范围内桩帽顶面荷载、桩顶均布反力对CD的弯矩全部作用在桩顶范围内,除以桩直径得到每延米的弯矩,其计算公式为式(4.4.3-1)。

桩顶外桩帽弯矩简化计算方法:先计算图4-3中桩帽顶面ADEF范围内均匀分布荷载对DE线产生的弯矩,再除以DE的长度得到每延米的弯矩,其计算公式为式(4.4.3-2)。由于AF处桩帽下部受拉,其弯矩与DE处弯矩方向相反,因此按式(4.4.3-2)计算的弯矩偏大,利于工程安全。

分析表明,上述简化计算方法得到的弯矩与数值分析方法结果接近。

式(4.4.3-3)参考《建筑地基基础设计规范》(GB 50007—2011)柱下桩基础独立承台受冲切承载力的规定。

4.4.4 筏板受力分析应符合下列规定:

1 桩间土对筏板的反力宜按式(4.4.4)计算,小于零时取零。

$$p_{sp} = \frac{p_u A_u - Q_{uk}}{A_u - A_p} \tag{4.4.4}$$

式中:p_{sp}——桩间土对筏板的反力(kPa);

p_u——筏板以上路堤荷载集度(kPa);

A_u——单桩分担面积(m^2)。

2 筏板上荷载集度分布不宜考虑土拱效应影响。

3 筏板应计算弯矩、剪力等。筏板受力宜按多支点连续板计算分析。

4 筏板的受冲切承载力和受剪承载力可按现行国家标准《建筑地基基础设计规范》(GB 50007)和《建筑桩基技术规范》(JGJ 94)进行计算。

4.4.5 路基边坡下的刚性桩弯矩宜采用数值分析方法计算,坡脚附近刚性桩的弯矩可按本指南附录B计算。

条文说明

路基边坡范围的刚性桩轴向压力小、水平位移大,桩身可能受弯开裂甚至断裂,可能导致路基边坡范围内出现差异沉降和裂缝,甚至导致局部滑塌。

4.5 路基稳定分析

4.5.1 刚性桩复合地基路堤应分析整体剪切滑动稳定性、绕流滑动稳定性。

条文说明

现行规范只规定进行整体剪切滑动稳定性分析,并假设刚性桩和桩间土同时沿滑动面剪切破坏。由于刚性桩抗剪强度很大,最危险滑动面通常位于路堤内,通过地基的滑动面安全系数很大。

滑塌工程案例调查、离心模型试验等均表明采用刚性桩复合地基的路堤主要破坏模式不是整体剪切滑动,而是桩间土先发生绕流滑动,进而引起刚性桩受弯断裂或倾斜,最终导致路基整体滑塌。

大量工程表明,按照现行规范得到的整体剪切滑动稳定安全系数大于绕流滑动稳定安全系数。为避免路基滑塌,应避免桩间土发生绕流滑动,因此需要验算路基绕流滑动稳定性。

本指南未分析刚性桩受弯断裂导致的滑动稳定分析,主要原因有:

(1)大量工程实践表明,刚性桩复合地基破坏过程是:桩间荷载过大导致桩间土绕流滑动或产生绕流滑动趋势,导致刚性桩受弯断裂,最终导致路基滑塌。因此,桩间土绕流滑动(趋势)是路基滑塌的根源,通过提高路基绕流滑动安全系数并验算最外侧刚性桩抗弯性能可以避免刚性桩受弯断裂,进而避免路基滑塌。

(2)刚性桩受弯断裂是渐进性破坏过程,桩身受弯断裂过程与路基稳定的关系复杂,通过验算桩身受弯断裂判断路基稳定性的难度很大,难以在工程实践中推广应用。

4.5.2 地基土、路堤填料的物理力学指标应根据试验资料确定,并应符合下列规定:

1 细粒土的黏聚力应根据地下水位变化、地基类型、气候条件、路堤高度等适当折减。无试验资料时,可按表4.5.2-1确定。

表 4.5.2-1 路堤填料物理力学指标

填 料 种 类	黏聚力(kPa)	内摩擦角(°)	重度(kN/m³)
细粒土	20~25	15~25	20~21
砂类土	—	30~35	19~20
碎石类、砾石类土	5~10	35~40	21~22
不易风化的块石类土	5~10	40	21~22
基层、底基层	40	40	23
面层	40	40	24

注:1. 填料的重度可根据填料性质和压实度等情况适当修正。
　　2. 全风化岩石、特殊土的抗剪强度指标宜根据试验资料确定。

2 软土不排水抗剪强度宜利用十字板试验资料确定,或根据静力触探试验资料、标准贯入试验资料、压缩模量、含水率等按式(4.5.2-1)~式(4.5.2-4)和表 4.5.2-2 综合估算。

$$C_u = 0.04 p_s + 2 \quad (4.5.2\text{-}1)$$

$$C_u = 0.044 q_c + 2 \quad (4.5.2\text{-}2)$$

$$C_u = \alpha_N N \quad (4.5.2\text{-}3)$$

$$C_u = \alpha_E E_s \quad (4.5.2\text{-}4)$$

式中:C_u——不排水抗剪强度(kPa);
　　p_s——静力触探比贯入阻力(kPa);
　　q_c——静力触探锥尖阻力(kPa);
　　α_N——标贯击数与不排水抗剪强度的关系系数,取 8~10,击数大时取小值;
　　N——标贯击数;
　　α_E——压缩模量与不排水抗剪强度的关系系数,取 0.006~0.008,模量大时取大值;
　　E_s——土的压缩模量(kPa)。

表 4.5.2-2 软土不排水抗剪强度

含水率(%)	36	40	45	50	55	65	75	85	95
C_u(kPa)	32	28	25	22	19	15	12	10	8

条文说明

1 细粒土填筑的路堤土属于非饱和土,由于基质吸力等因素,实际的黏聚力可能高达 100kPa。由于基质吸力受含水率影响很大,通常根据工程地下水变化情况、当地气候情况等对试验结果进行适当折减。另一方面,路堤土黏聚力取值过大,对软土地基可能产生"刚性基础效应":稳定安全系数较大时软土发生挤出破坏。对基层、底基层、面层的黏聚力取值建议也是考虑了该因素。

表 4.5.2-1 主要参考《铁道工程地基处理技术规程》(TB 10106—2010)建议值,根据

公路工程经验,部分指标取值进行适当调整。

2 土工试验测试的软土不排水抗剪强度严重偏低的情况较普遍。根据原位测试资料确定软土不排水抗剪强度较合适。式(4.5.2-1)、式(4.5.2-2)采用《铁路工程地质原位测试规程》(TB 10018—2003)推荐的公式。式(4.5.2-3)根据太沙基等人的经验公式、《建筑地基基础设计规范》(GBJ 7—1989)中黏性土承载力标准值反算结果、结合工程经验推荐。式(4.5.2-4)根据《铁路工程地质原位测试规程》(TB 10018—2003)推荐压缩模量、不排水抗剪强度与比贯入阻力的关系,结合工程经验推荐。表4.5.2-2根据《建筑地基基础设计规范》(GBJ 7—1989)中沿海地区淤泥和淤泥质土承载力基本值反算结果并结合工程经验推荐。

4.5.3 路堤稳定分析应符合下列规定:

1 路堤外30m范围内有水塘、河道等低洼区域时,路堤稳定分析应考虑其影响。

2 施工期荷载应包括超载、沉降土方重量,运营期荷载应包括沉降土方重量、路面重量和汽车荷载等。

3 不与排水固结法联合应用时,软土不宜考虑固结作用,不排水抗剪强度确定宜按本指南第4.5.2条第2款执行,桩间软土宜考虑施工扰度的影响。

4 与排水固结法联合应用时,非加固区软土不排水抗剪强度确定宜按本指南第4.5.2条第2款执行,桩间软土宜采用固结快剪或固结不排水抗剪强度指标。

4.5.4 刚性桩复合地基路基整体滑动稳定分析尚应符合下列规定:

1 稳定安全系数宜结合图4.5.4按式(4.5.4-1)计算。

$$F_s = \frac{\sum_A^B \tau_{oi} l_i + \sum_B^C (c_{spi} l_i + W_i \cos\alpha_i \tan\varphi_{spi}) + \sum_C^E (c_i l_i + W_i \cos\alpha_i \tan\varphi_i) + \sum \xi_i T_{ri}(\cos\alpha_i + \sin\alpha_i \tan\varphi_i)}{\sum_A^E W_i \sin\alpha_i}$$

(4.5.4-1)

式中:τ_{oi}——第i土条底部地基土的初始抗剪强度(kPa);

l_i——第i土条底长(m);

c_{spi}——第i土条底部土的复合黏聚力(kPa);

W_i——第i土条竖向荷载(kN)。分子中地下水位以下土体取浮重度,分母中浸润线与最低水位之间土体取饱和重度,最低水位以下土体取浮重度;

α_i——第i土条底面与水平线的夹角(弧度);

φ_{spi}——第i土条底部土的复合内摩擦角(弧度);

c_i——第i土条底部填土的黏聚力(kPa);

φ_i——第i土条底部填土的内摩擦角(弧度);

ξ_i——第i层加筋拉力折减系数;

T_{ri}——第i层加筋拉力(kN)。

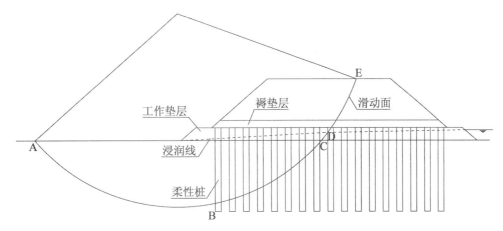

图 4.5.4　刚性桩复合地基路堤稳定分析

2　路堤土抗剪强度指标确定宜按本指南第 4.5.2 条第 1 款执行，τ_{oi} 宜采用本指南第 4.5.2 条第 2 款执行。

3　加固区复合内摩擦角、黏聚力宜分别按式（4.5.4-2）、式（4.5.4-3）和式（4.5.4-4）、式（4.5.4-5）计算，并取较小的稳定安全系数。

$$\tan\varphi_{sp} = \frac{1-m_p}{1-m_p+m_p n}\tan\varphi_s \tag{4.5.4-2}$$

$$c_{sp} = (1-m_p)c_s + 0.25 m_p q_u \tag{4.5.4-3}$$

$$\tan\varphi_{sp} = \frac{(1-m_p)\tan\varphi_s + m_p n\tan\varphi_p}{1-m_p+m_p n} \tag{4.5.4-4}$$

$$c_{sp} = (1-m_p)c_s + 0.25 m_p q_u \tan\left(\frac{\pi}{4}-\frac{\varphi_p}{2}\right) \tag{4.5.4-5}$$

式中：m_p——桩置换率；

　　　n——桩顶处桩土应力比；

　　　φ_s——桩间土直剪快剪内内摩擦角（弧度），当 c_s 采用不排水抗剪强度时，φ_s 应取 0.0；

　　　c_s——桩间土直剪快剪黏聚力黏聚力（kPa），软土宜采用不排水抗剪强度；

　　　q_u——桩身无侧限抗压强（kPa）；

　　　φ_p——桩身摩擦角（弧度），无试验资料时宜取 0.70～0.79。

4　T_{ri} 宜采用 3% 加筋延伸率对应的拉力，且不应大于极限抗拉强度的 30%。第一层 ξ_i 应取 1.0，其他加筋宜取 0.6。

5　路基横断面上软土底面倾斜时还应验算沿复合滑动面的稳定性。

条文说明

3　混凝土属于摩擦性材料，其抗剪强度不但与黏聚力有关，而且与法向应力有关。当桩身轴力较小时，按式（4.5.4-2）、式（4.5.4-3）计算的复合抗剪强度偏大。因此，建议同时采用按式（4.5.4-4）、式（4.5.4-5）计算复合抗剪强度。

4.5.5 绕流滑动稳定分析宜采用锚撑法或修正重度法。验证绕流滑动对应的稳定性是否满足要求时,稳定安全系数 F_s 应取容许值。

4.5.6 锚撑法应符合下列要求:

1 绕流滑动稳定安全系数 F_s 应按式(4.5.6-1)计算。

$$F_s = \frac{M_{RS} + M_{RP} + M_{RR}}{M_D} \tag{4.5.6-1}$$

$$M_{RS} = \sum\left[c_i\left(b_i - \frac{A_p}{D_1}\right)\sec\alpha_i + V_i\cos\alpha_i\tan\varphi_i\right]R \tag{4.5.6-2}$$

$$V_i = W_i - W_{pi} + b_i w_i - \frac{F_{bi}}{D_1} + \frac{F_{ai}}{D_1} \tag{4.5.6-3}$$

$$F_{bi} = P_{pi} - u_p \sum \tau_j \tag{4.5.6-4}$$

$$M_{RP} = R\sum(F_{bi} - F_{ai})\cos\alpha_i \tag{4.5.6-5}$$

$$M_{RR} = R\sum T_{ri}\cos\alpha_i \tag{4.5.6-6}$$

$$M_D = \left[\sum(W_i + b_i w_{si})\sin\alpha_i\right]R \tag{4.5.6-7}$$

式中:F_s——稳定安全系数;

M_{RS}——土体抗滑力矩(kN·m);

M_{RP}——桩体抗滑力矩(kN·m);

M_{RR}——加筋抗滑力矩(kN·m);

M_D——滑动力矩(kN·m);

c_i——第 i 土条底面土体黏聚力(kPa),软土层采用 C_u 或 c_q,其他土层采用 c_q;

b_i——第 i 土条宽度(m);

A_p——桩身横截面面积(m²);

D_1——桩的纵向间距(m);

α_i——第 i 土条底部与水平面的夹角(弧度);

V_i——第 i 土条底部竖向荷载(kN);

φ_i——第 i 土条底面土体内摩擦角(弧度),软土层采用 C_u 时 φ_i 取 0,其他土层采用 φ_q;

R——滑动面半径(m);

W_i——第 i 土条的重量(kN);

W_{pi}——第 i 土条内桩身重量(kN);

w_{si}——第 i 土条外部荷载(kPa);

F_{bi}——第 i 土条中刚性桩对滑动体的支撑力(kN);

F_{ai}——第 i 土条中刚性桩对滑动体的锚拉力(kN);

P_{pi}——第 i 土条内桩顶荷载(kN);

u_p——桩身周长(m);

τ_j——第 j 土层桩侧极限摩阻力(kPa),负摩擦力取负值;

T_{ri}——第 i 土条相交的加筋材料抗滑力(kN/m)。

2 P_{pi} 应取按本指南第4.2.3条计算的 P_{pa}、单桩竖向极限承载力中的小者。

3 桩身刺入中性面位置可按式(4.5.6-8)计算的负摩擦力确定。

$$Q_{si}^n = \frac{Q_{uki} - P_{pi}}{2} \quad (4.5.6\text{-}8)$$

式中:Q_{si}^n——第 i 土条内桩的负摩擦力(kN);

Q_{uki}——第 i 土条内桩的竖向极限承载力(kN)。

4 F_{ai} 应按以下步骤确定:

1)拔动中性面位置宜按式(4.5.6-9)计算的正摩擦力确定。

$$Q_s^p = \frac{Q_{sk} - (A_c - A_p)f_{su}}{2} \quad (4.5.6\text{-}9)$$

式中:Q_s^p——正摩擦力(kN);

Q_{sk}——桩身极限摩擦力(kN);

A_c——桩帽面积(m²);

f_{su}——桩间土极限承载力(kPa)。

2)第一拔断面位置宜根据式(4.5.6-10)计算的正摩擦力确定,为负值时取0。

$$Q_s^p = Q_{tk} + W_c - (A_c - A_p)f_{su} \quad (4.5.6\text{-}10)$$

式中:Q_{tk}——桩身材料控制的抗拔承载力(kN);

W_c——第一拔断面以上桩身、桩帽及其以上土体重量(kN)。

3)第一拔断面低于拔动中性面时,F_{ai} 可按式(4.5.6-11)计算。

$$F_{ai} = (A_c - A_p)f_{su} + u_p \sum \tau_i \quad (4.5.6\text{-}11)$$

4)第一拔断面高于拔动中性面时:

(1)如果滑动面高于拔动中性面且满足式(4.5.6-12),则 F_{ai} 可按式(4.5.6-13)计算。

$$(n_i + 1)Q_{tk} + W_{n_i+1} > (A_c - A_p)f_{su} + Q_s^p \geq n_i Q_{tk} + W_{n_i} \quad (4.5.6\text{-}12)$$

$$F_{ai} = (A_c - A_p)f_{su} + Q_s^p - n_i Q_{tk} \quad (4.5.6\text{-}13)$$

式中:n_i——第 i 土条中刚性桩拔动中性面以上拔断面数量;

W_{n_i+1}——第 n_i+1 个拔断面以上桩身、桩帽及其以上土体重量(kN);

W_{n_i}——第 n_i 个拔断面以上桩身、桩帽及其以上土体重量(kN)。

(2)如果滑动面低于拔动中性面且满足式(4.5.6-12),可按式(4.5.6-14)计算的正摩擦力确定第 n_i 个拔断面位置。

$$Q_s^p = n_i Q_{tk} + W_{n_i} - (A_c - A_p)f_{su} \quad (4.5.6\text{-}14)$$

(3)忽略第 n_i 个拔断面以上桩体,按式(4.5.6-9)、(4.5.6-10)计算剩余桩段的拔动中性面和第一拔断面位置。

(4) 重复 3)~4) 步骤直至得到 F_{ai}。

5 加筋材料抗滑力宜取 3% 且不大于极限延伸率对应的加筋材料拉力。

条文说明

1 英国标准《加筋土工程技术规范》(BS 8006-1:2010) 按图 4-4 考虑刚性桩的抗滑作用，利用式(4.5.6-6)、式(4.5.6-7) 和式(4-4)~式(4-6) 分析路基稳定性。c' 的分项系数取 1.6。

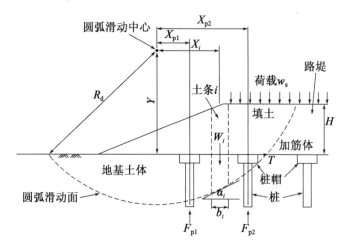

图 4-4 BS 8006 桩网地基稳定验算示意图

$$M_{RS} + M_{RR} + M_{RP} - M_D \geq 0 \tag{4-4}$$

$$M_{RS} = \sum \frac{\left[\dfrac{c'b_i}{f_{ms}} + (f_{fs}W_i + f_q b_i w_{si})(1 - r_u)\dfrac{\tan\varphi'_{cvi}}{f_{ms}}\right]R}{\cos\alpha_i + \dfrac{\tan\varphi'_{cvi}\sin\alpha_i}{f_{ms}}} \tag{4-5}$$

$$M_{RP} = \sum F_{pi} X_{pi} \tag{4-6}$$

式中：c'_i——第 i 土条底面有效黏聚力(kPa)；

f_{ms}——土体抗剪强度指标分项系数，c_q、C_u、φ_i 宜取 1.0；

f_{fs}——土体重度分项系数，取 1.3；

f_q——外部荷载分项系数，恒载取 1.3，活载取 1.5；

r_u——土条底面孔压与土条底面以上荷载之比；

φ'_{cvi}——第 i 土条底面土体峰值内摩擦角之后的稳定内摩擦角(弧度)；

X_{pi}——第 i 根桩与滑动圆点的水平距离(m)。

BS 8006 将桩简化为轴向力。该方法以滑动面内路堤土、桩间土为分析稳定对象，与刚性桩复合地基路堤桩土变形不协调的特性吻合。但该方法存在如下缺陷：

1) 未考虑轴向力对滑动面上桩间土法向应力及相应的摩擦力的影响；

2) 未给出 F_{pi} 计算公式;
3) 未考虑桩的纵向间距对刚性桩抗滑作用的影响;
4) 未考虑桩体所占空间土体对黏聚力和重量的减少;
5) 采用毕肖普法,需要有效应力指标,且需要确定土条底部的超静孔隙水压力;
6) BS 8006 法只能判断路堤稳定性是否满足要求,不能得到具体的安全系数。

锚撑法在 BS 8006 法基础上提出,克服了其缺点;相对修正重度法的优点是适用性广、不需要试算、准确性高。

3 由图 4-5 可知,桩底刺入破坏时,由单桩竖向受力平衡条件可得式(4.5.6-8)。如果桩底端刺入破坏,路堤绕流滑动时刺入中性面可能位于滑动面范围内,也可能低于滑动面。如果桩底端不刺入破坏,路堤绕流滑动时桩间土沉陷必然大于桩身沉降,导致滑动面内桩身均为负摩擦力,滑动面以下为正摩擦力,滑动压中性面位于滑动面处。按式(4.5.6-8)确定的刺入中性面低于滑动面,不是滑动压中性面,但按式(4.5.6-8)计算的刺入中性面可保证路堤绕流滑动稳定分析时滑动面内均为负摩擦力。

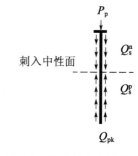

图 4-5 桩底刺入破坏时受力

5 F_s 容许值参考了 BS 8006 标准对分项系数取值。

4.5.7 修正重度法应符合下列要求:

1 稳定分析宜将汽车荷载、路面荷载转换为等效填土厚度。

2 稳定安全系数 F_s 应按下列步骤试算确定:

1) P_p 应取 $F_s P_{pa}$ 与 Q_{uk} 中的小者, P_{pa} 宜按本指南第 4.2.3 条规定计算。
2) 根据式(4.5.6-8)计算的负摩擦力确定桩身中性面。
3) 路堤土的修正重度可按式(4.5.7-1)、式(4.5.7-2)计算。

$$\gamma_{fr} = F_s \gamma_f \frac{F_s P_u - P_p}{F_s P_u} \qquad (4.5.7\text{-}1)$$

$$\gamma_{fdr} = F_s \gamma_{fd}(1 - m_p) + \frac{u_p \tau}{A_u} \qquad (4.5.7\text{-}2)$$

式中: γ_{fr} ——桩帽顶面以上填料修正重度(kN/m³);
  γ_f ——桩帽顶面以上填料重度(kN/m³);
  P_u ——单桩分担面积内桩帽顶面以上荷载(kN);
  γ_{fdr} ——桩间路堤土修正重度(kN/m³);
  γ_{fd} ——桩间路堤土重度(kN/m³);
  m_p ——桩的置换率;
  u_p ——桩的周长(m);
  τ ——桩侧摩擦力(kPa),中性面以上取负值;
  A_u ——单桩分担面积(m²)。

4)桩间地基土修正重度可按式(4.5.7-3)计算。

$$\gamma_{sr} = \gamma_s(1 - m_p) + \frac{u_p \tau}{A_u} \quad (4.5.7\text{-}3)$$

式中:γ_{sr}——地基土的修正重度(kN/m^3);

γ_s——地基土的重度(kN/m^3)。

5)刚性桩未穿透软土层时,桩端区土层的修正重度宜按式(4.5.7-4)计算。

$$\gamma_{sr} = \gamma_s + \frac{Q_{pk}}{D^2 T_e} \quad (4.5.7\text{-}4)$$

式中:Q_{pk}——总极限端阻力标准值(kN);

D——桩间距(m);

T_e——桩端区厚度(m),可取 0.5~1.0m。

6)桩间土黏聚力、不排水抗剪强度可按式(4.5.7-5)、式(4.5.7-6)修正。

$$c_r = c(1 - m_p) \quad (4.5.7\text{-}5)$$

$$C_{ur} = C_u(1 - m_p) \quad (4.5.7\text{-}6)$$

式中:c_r——黏聚力修正值(kPa);

c——黏聚力(kPa);

C_{ur}——不排水抗剪强度修正值(kPa);

C_u——不排水抗剪强度(kPa)。

7)加筋作用按本指南第 4.5.6 条要求计算。

8)忽略刚性桩,桩顶、桩间路堤土采用 γ_{fr}、γ_{fdr},桩间、桩底地基土采用 γ_{sr}、c_r、C_{ur},其他区域采用未修正指标,利用稳定分析软件计算得到绕流滑动安全系数 F_f。

9)当 F_f 不等于 1.0 时,应调整 F_s 并重复本款第 1)~8)项直至 F_f 与 1.0 的偏差小于 0.005。

3 当 F_s 小于 1.0 时,尚应分析桩(帽)顶面以上路堤自身的稳定性。路堤自身稳定分析时地基土黏聚力取值不宜小于 100kPa。

条文说明

2 路堤绕流滑动时,滑动面圆心外侧桩间土隆起,图 4-6 中 1 区路堤中土拱作用于桩间土上,桩间土几乎承担全部路堤土荷载;滑动面圆心内侧桩间土沉降,图 4-6 中 2 区路堤中土拱作用于桩帽顶面,桩帽对路堤产生竖向反力 P_p,作用于桩间土的荷载很小。滑动面圆心外侧、拔动中性面以上区域(图 4-6 中 3 区),桩间土相对刚性桩向上位移,刚性桩对桩间土的摩擦力 τ 向下;滑动面圆心内侧、刺入中性面以上区域(图 4-6 中 4 区),桩间土相对刚性桩向下位移,刚性桩对桩间土的摩擦力向上;滑动面圆心外侧、拔动中性面以下区域(图 4-6 中 5 区),桩间土相对刚性桩向下位移,刚性桩对桩间土的摩擦力向上;滑动面圆心内侧、刺入中性面以下区域(图 4-6 中 6 区),桩间土相对刚性桩向上位移,刚性桩对桩间土的摩擦力向下。桩底端对图 4-6 中 7 区土体的 Q_{pk} 向下。刚性桩对滑动

体产生水平阻力 q_h。P_p 和 q_h 均对绕流滑动有阻止作用,圆心内侧负摩擦力和圆心外侧正摩擦力阻止绕流滑动,圆心内正摩擦力和圆心外侧负摩擦力促进绕流滑动,Q_{pk} 促进绕流滑动。用于地基处理的刚性桩抗裂弯矩很小,能承受的 q_h 很小,可忽略不计。

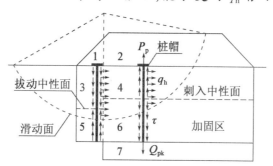

图 4-6 桩对滑动体的作用力

基于上述分析提出修正重度法,其核心思路为:P_p 可以抵消自重等于 P_p 的路堤土荷载,促使路堤绕流滑动的是桩间土承担的荷载,可对桩帽以上路堤重度按式(4.5.7-1)进行修正。桩侧负摩擦力阻止桩间土绕流滑动,正摩擦力促进桩间土绕流滑动,因此可将桩侧摩擦力按式(4.5.7-3)转换到桩间土重度中。由于路堤绕流滑动稳定分析对象为路堤和桩间土,为便于稳定分析,桩所占空间需要以桩间土代替,因此重度修正时需将桩间土均化到整个加固区并保持整个加固区内桩间土重量不变。

由于路堤绕流滑动稳定分析对象为路堤和桩间土,为便于稳定分析,将桩间土黏聚力或不排水抗剪强度均化到整个加固区以保持整个加固区内桩间土黏聚力不变。由于桩间土总重量不变,因此桩间土内摩擦角不需要变化。

修正重度法的缺点是对路堤内的滑动面上的路堤土也进行了修正,与实际情况不符。由于路堤内的滑动面接近直立,因此误差不大;圆心外侧的桩顶无法形成土拱,刚性桩成为抗拔桩。不考虑该因素得到的稳定安全系数偏小且误差不大,因此可以不考虑该因素。

修正重度法经多项工程验证,与工程实际情况基本吻合。

3 当 F_s 小于 1.0 时,修正重度法对路堤土重度进行了折减,因此其无法合理反映路堤自身的稳定性,需要单独计算路堤自身的稳定性。

4.6 路堤的总沉降及工后沉降

4.6.1 复合地基总沉降宜按式(4.6.1)计算。

$$S = S_1 + S_2 \tag{4.6.1}$$

式中:S——复合地基沉降(m);
S_1——加固区沉降(m);
S_2——下卧层沉降(m)。

条文说明

与刚性基础下复合地基不同,由于路堤由土、砂石等散体材料组成,不能使桩顶沉降与桩间土沉降相等,如图4-7所示,路堤下桩间土沉降大于桩顶沉降,采用复合模量法计算的复合地基沉降往往偏小。

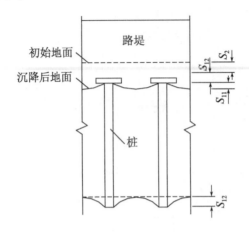

图4-7 刚性桩复合地基路基沉降组成

刚性桩复合地基置换率通常不超过5%,复合地基沉降以桩间土的沉降为主;桩土模量相差很大,刚性桩两端均产生刺入变形,桩间土的压缩量通常远大于刚性桩压缩量。因此建议以桩间土压缩量代表复合地基加固区压缩量。

等沉面以下桩间土压缩量等于桩身压缩量与桩底端刺入量之和。刚性桩桩身压缩量很小,可以忽略不计。当桩底不刺入破坏时,桩底刺入量近似等于桩间土压缩量,即此时可用桩底刺入量代替等沉面以下桩间土压缩量。从理论上讲,等沉面以上桩间土压缩量等于桩身压缩量与桩顶(帽)刺入量之和,忽略桩身压缩量,桩顶(帽)刺入量近似等于桩间土压缩量。但是,路堤由散体材料组成,路基填料不断散落填充至桩(帽)之间,因此不能用桩顶(帽)刺入量代替等沉面以上桩间土压缩量。

4.6.2 加固区沉降计算方法宜按表4.6.2确定。

表4.6.2 加固区沉降计算方法选择

工　况		承载力比法	附加应力法	BG法
涵洞、挡墙	桩间有路堤土	×	√	×
	桩间无路堤土	√	□	□
路堤	桩顶荷载等于单桩极限承载力	×	√	√
	桩顶荷载小于单桩极限承载力	×	√	×

注:√表示宜采用,□表示可采用,×表示不采用。

条文说明

承载力比法是《建筑地基处理技术规范》(JGJ 79—2012)针对刚性基础下胶结桩复合地基提出的方法。该方法的适用条件是复合地基应力与桩间土应力的比值等于复合地基承载力与桩间土承载力的比值。当桩顶处桩土应力比大于桩土承载力比时,承载力比法计算沉降与工程实际偏差较小。

附加应力法首先根据桩土作用计算桩土附加应力,然后采用分层总和法计算复合地基沉降。附加应力法可以考虑单桩竖向承载力、桩帽转移荷载能力、桩土相互作用等因素的影响。工程实例表明计算沉降与实测沉降接近。

BG 方法利用 Boussinesq 解计算桩间荷载产生的附加应力,利用 Geddes 解计算桩顶荷载产生的附加应力,然后采用分层总和法计算沉降。该方法需要确定桩土荷载、正负摩擦力及端阻力,难以考虑桩土之间的荷载转移,只在桩顶荷载大于桩极限承载力时应用较为简便。

4.6.3 采用承载力比法计算加固区沉降应符合下列要求:

1 加固区沉降宜按式(4.6.3-1)、式(4.6.3-2)计算。

$$S_1 = \sum \frac{\Delta \sigma_i}{E_{spi}} \Delta z_i \tag{4.6.3-1}$$

$$E_{spi} = \frac{E_{si} f_{spk}}{f_{sk}} \tag{4.6.3-2}$$

式中:$\Delta \sigma_i$——第 i 层的附加应力(kPa);

E_{spi}——第 i 层土复合压缩模量(kPa);

Δz_i——第 i 层土厚度(m);

E_{si}——第 i 层土的压缩模量(kPa);

f_{spk}——复合地基承载力特征值(kPa);

f_{sk}——天然地基承载力特征值(kPa)。

2 地基中附加应力可采用 Boussinesq 解计算。

4.6.4 采用附加应力法应符合下列要求:

1 涵洞、挡墙底面处桩间荷载集度可按本指南式(4.4.4)计算。

2 确定中性面深度 z_n 的负摩擦力应取式(4.6.4-1)、式(4.6.4-2)计算值中的小者。

$$Q_s^n = \frac{Q_{uk} - P_p}{2} \tag{4.6.4-1}$$

$$Q_s^n = \frac{A_u p - P_p - Q_{sm}^n}{2A_u p \zeta + u_p P} u_p P \tag{4.6.4-2}$$

$$\zeta = \frac{P}{W_b f_{sa} + \sum \Delta z_i |\tau_{ui}|} \tag{4.6.4-3}$$

式中:Q_s^n——负摩擦力(kN);

Q_{uk}——单桩竖向极限承载力标准值(kN);

P_p——桩顶荷载(kN),取土拱控制荷载与单桩极限承载力中的小值;

A_u——单桩分担面积(m²);

p——路堤荷载集度(kPa);

u_p——桩周长(m);

P——路基纵向每延米的路基总荷载(kN);

Q_{sm}^n——工作垫层对单桩的摩擦力(kN);

ζ——加固区侧阻力发挥系数;

W_b——路堤底宽(m);

f_{sa}——经深宽修正的桩底地基承载力特征值(kPa);

Δz_i——第i层土厚度(m),i从工作垫层底面起算;

τ_{ui}——第i层土侧阻力(kPa),中性面以上取负值。

3 桩间土附加应力宜按式(4.6.4-4)计算。

$$\sigma_{sj} = \frac{p\left[1 - \frac{2}{P}\zeta\sum_{i=1}^{j}\Delta z_i |\tau_{ui}|\right] - \dfrac{P_p + Q_{sm}^n - \pi d \sum_{i=1}^{j}\Delta z_i \zeta_i \tau_{ui}}{A_u}}{1 - m_p} \quad (4.6.4\text{-}4)$$

式中:σ_{sj}——第j层土处桩间土附加应力(kPa);

d——桩直径(m);

m_p——桩置换率;

ζ_i——侧阻力发挥系数,等沉面以上ζ_i应取1,等沉面以下ζ_i宜按式(4.6.4-5)计算。

$$\zeta_i = \frac{P_p + Q_s^n}{Q_{uk} - Q_s^n} \quad (4.6.4\text{-}5)$$

4 桩间土沉降S_{1s}应利用桩间附加应力采用式(4.6.4-6)计算;软土为正常固结土时,S_{1s}可采用式(4.6.3-1)计算,但应用E_{si}代替E_{spi}。

$$S_{1s} = \sum \frac{e_{0i} - e_{1i}}{1 + e_{0i}} \Delta z_i \quad (4.6.4\text{-}6)$$

式中:S_{1s}——桩间土沉降(m);

e_{0i}——第i层土天然孔隙比;

e_{1i}——第i层土$e\text{-}p$曲线对应自重应力和附加应力之和的孔隙比。

5 加固区沉降S_1应等于$S_{1s}(1-m_p)$。

条文说明

附加应力法基于刚性桩复合地基路堤桩土变形不协调的特点,以桩间土为分析对象,考虑刚性桩对桩间土的作用。

计算桩间土附加应力适用性较广的是利用Boussinesq解计算桩间荷载产生的附加应力,利用Mindlin解计算桩顶荷载产生的附加应力。计算时先假设中性面位置,然后计算中性面以下桩、土沉降,两者相等时得到真正的中性面。但是其计算难度大,因此针对路堤中线附近提出简化的计算方法。

复合地基的刚性桩均为摩擦型桩,端阻力与正摩擦力发挥系数接近。为简化计算,近似假设正摩擦力与端阻力发挥水平相等,负摩擦力发挥系数等于1.0。

当刚性桩发生刺入破坏时,负摩擦力根据刚性桩竖向平衡条件得到;当刚性桩不发生刺入破坏时,可近似认为中性面处桩间土附加应力等于零,即桩间荷载全部转移到刚性桩,此时有式(4-7)。

$$p\left(1 - \frac{2\zeta Q_s^n}{Pu_p}\right)A_u = P_p + Q_{sm}^n + Q_s^n \tag{4-7}$$

由式(4-7)可得到式(4.6.4-2)。

4.6.5 采用 BG 法应符合下列要求:

1 涵洞、挡墙底面处桩间荷载集度可按本指南式(4.4.4)计算。

2 桩间荷载产生的附加应力可根据采用 Boussinesq 解计算。路堤长度较大时,桩间荷载在路肩之间地基土中产生的竖向附加应力可按式(4.6.5-1)计算。

$$\sigma_s = \frac{p_{sp}}{\pi}\left[\arctan\frac{x}{z} - \arctan\frac{x-W_e}{z} + \frac{xz}{x^2+z^2} - \frac{(x-W_e)z}{(x-W_e)^2+z^2} + \frac{w_e+x}{w_e}\left(\arctan\frac{w_e+x}{z} - \arctan\frac{x}{z}\right) - \right.$$

$$\left. \frac{xz}{x^2+z^2} + \frac{W_e+w_e-x}{w_e}\left(\arctan\frac{W_e+w_e-x}{z} - \arctan\frac{W_e-x}{z}\right) - \frac{(W_e-x)z}{(W_e-x)^2+z^2}\right] \tag{4.6.5-1}$$

3 桩顶荷载产生的竖向附加应力可按式(4.6.5-2)计算。

$$\sigma_s = \frac{P_b K_b + P_r K_r + P_t K_t}{L^2} \tag{4.6.5-2}$$

$$K_b = \frac{1}{8\pi(1-\mu)}\left[\frac{(1-2\mu)(M-1)}{A^3} - \frac{(1-2\mu)(M-1)}{B^3} + \frac{3(M-1)^3}{A^5} + \right.$$

$$\left. \frac{3(3-4\mu)M(M+1)^2 - 3(M+1)(5M-1)}{B^5} + \frac{30M(M+1)^3}{B^7}\right] \tag{4.6.5-3}$$

$$K_r = \frac{1}{8\pi(1-\mu)}\left[\frac{2(2-\mu)}{A} - \frac{2(2-\mu)+2(1-2\mu)\left(\frac{M^2}{N^2}+\frac{M}{N^2}\right)}{B} + \frac{2(1-2\mu)\left(\frac{M}{N}\right)^2}{F} - \frac{N^2}{A^3} - \right.$$

$$\left. \frac{4M^2 - 4(1+\mu)\left(\frac{M}{N}\right)^2 M^2}{F^3} - \frac{4M(1+\mu)(1+M)\left(\frac{M}{N}+\frac{1}{N}\right)^2 - (4M^2+N^2)}{B^3} - \right.$$

$$\left. \frac{6M^2\frac{M^4-N^4}{N^2}}{F^5} - \frac{6M^2 N^2 - \frac{6M(M+1)^5}{N^2}}{B^5}\right] \tag{4.6.5-4}$$

$$K_t = \frac{1}{4\pi(1-\mu)}\left[\frac{2(2-\mu)}{A} - \frac{2(2-\mu)(4M+1) - 2(1-2\mu)\frac{M^2}{N^2}(M+1)}{B} - \right.$$

$$\frac{2(1-2\mu)\frac{M^3}{N^2} - 8(2-\mu)M}{F} - \frac{MN^2 + (M-1)^3}{A^3} -$$

$$\frac{4\mu MN^2 + 4M^3 - 15MN^2 - 2(5+2\mu)\left(\frac{M}{N}\right)^2(M+1)^3 + (M+1)^3}{B^3} -$$

$$\frac{2(7-2\mu)MN^2 - 6M^3 + 2(5+2\mu)\left(\frac{M}{N}\right)^2 M^3}{F^3} - \frac{6MN^2(N^2-M^2) + 12\left(\frac{M}{N}\right)^2(M+1)^5}{B^5} +$$

$$\left.\frac{12\left(\frac{M}{N}\right)^2 M^5 + 6MN^2(N^2-M^2)}{F^5} + 2(2-\mu)\ln\left(\frac{A+M-1}{F+M} \times \frac{B+M+1}{F+M}\right)\right] \quad (4.6.5\text{-}5)$$

式中：σ_s——地基土竖向附加应力(kPa)；

p_{sp}——桩间荷载(kPa)；

x——应力计算点与路肩的水平距离(m)；

z——应力计算点与桩顶的竖向距离(m)；

W_e——路堤顶面宽度(m)；

w_e——路堤边坡宽度(m)；

P_b——桩底端荷载(kN)；

P_r——矩形分布的侧摩阻力总荷载(kN)；

P_t——正三角形分布的侧摩阻力总荷载(kN)；

K_b——桩底端集中力下的竖向应力系数；

K_r——矩形分布侧摩阻力下的竖向应力系数；

K_t——正三角形分布侧摩阻力下的竖向应力系数；

$M = z/L$；

$N = r/L$；

$A = \sqrt{N^2 + (M-1)^2}$；

$B = \sqrt{N^2 + (M+1)^2}$；

$F = \sqrt{N^2 + M^2}$；

μ——泊松比；

r——应力计算点与桩轴线的水平距离(m)。

4 加固区沉降宜利用桩间土附加应力按本指南第4.6.4条第4款和第5款规定计算。

条文说明

式(4.6.5-3)~式(4.6.5-5)采用刘金砺、高文生、邱明兵编著的《建筑桩基技术规范应用手册》中的公式,由 Geddes 基于 Mindlin 应力基本解推导得到。

当桩间距2.4m、桩长20m、泊松比为0.4时,50m 宽路堤中线处的 K_b、K_r、K_t 沿深度的分布曲线见图4-8。由图4-8可知,桩端集中力在桩间产生拉应力,桩侧正摩阻力在桩间产生压应力。桩底面以下 K_r、K_t 差别不大,可以近似假设桩侧摩阻力为正三角形分布;桩身范围内 K_r、K_t 差别较大,宜根据桩侧摩阻力实际情况确定分布形式。

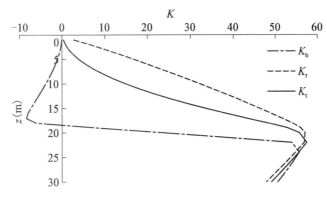

图4-8 竖向应力系数

4.6.6 下卧层沉降应根据附加应力采用分层总和法计算。下卧层中附加应力宜采用 Boussinesq 解计算,桩顶荷载大于单桩竖向极限承载力时可采用式(4.6.5-1)、式(4.6.5-2)计算。

4.6.7 采用分层总和法计算的沉降宜乘以沉降修正系数,软土地基的沉降修正系数 ψ_s 宜取 $1.05\sim1.1$。

条文说明

对刚性桩复合地基的沉降修正系数取值较小,主要原因为:

(1)刚性桩复合地基桩间荷载较小,通常小于天然地基极限填土高度对应的荷载,塑性区和水平位移较小;

(2)工程实践表明,刚性桩复合地基不需要乘以较大的修正系数。

4.6.8 刚性桩加固区应力固结度宜采用数值方法分析。不与排水固结联合应用时固结度可按天然地基计算,桩间土固结系数宜乘以 $\dfrac{1-m_p+m_p n}{1-m_p}$。桩土应力比宜根据本指南第4.2.3条计算的桩土荷载计算。

条文说明

对于天然地基、排水固结地基,有式(4-8)。

$$\frac{\partial u}{E_s \partial t} = \frac{k_s \partial^2 u}{\gamma_w \partial z^2} \tag{4-8}$$

式中：u——超静孔压（kPa）；

E_s——土的压缩模量（kPa）；

k_s——土的渗透系数（cm/s）。

假设桩身孔压等于0。∂t内桩间土超静孔压减小∂u，导致复合地基有效应力增大$(1-m_p)\partial u$，等沉区桩间土分担的有效应力增量为$\frac{(1-m_p)\partial u}{1-m_p+m_p n}$，因此复合地基等沉区有式(4-9)。

$$\frac{(1-m_p)\partial u_s}{(1-m_p+m_p n)E_s \partial t} = \frac{k_s \partial^2 u_s}{\gamma_w \partial z^2} \tag{4-9}$$

式中：u_s——复合地基桩间土超静孔压（kPa）。

因此相对天然地基、排水固结路堤，复合地基固结系数应乘以$\frac{1-m_p+m_p n}{1-m_p}$。

4.6.9 下卧层固结度计算可按天然地基计算，可忽略刚性桩的影响。

4.6.10 刚性桩复合地基路基工后沉降宜按式(4.6.10)计算。

$$S_{rT} = S_1(U_{12} - U_{11}) + S_2(U_{22} - U_{21}) \tag{4.6.10}$$

式中：S_{rT}——工后沉降（m）；

U_{11}——通车时加固区固结度；

U_{12}——路面设计使用年限末加固区固结度；

U_{21}——通车时下卧层固结度；

U_{22}——路面设计使用年限末下卧层固结度。

5 设计

5.1 一般规定

5.1.1 刚性桩复合地基设计内容应包括桩、桩帽、褥垫层或筏板等。无硬壳层的软基路段尚应设计工作垫层。

5.1.2 刚性桩复合地基设计前应收集地质、路基等资料，调查地形地貌、邻近建（构）筑物、地下工程和管线埋设等，确定地基处理目的、处理范围和处理要求等。

5.1.3 刚性桩复合地基选用宜符合下列要求：
  1 桩顶与路床顶面之间的距离小于2m的路段不宜采用刚性桩复合地基；
  2 桩顶以下填土厚度较大的软基路段，刚性桩复合地基宜与排水固结联合应用；
  3 当软土层深度超过25m或填土高度超过20m时，刚性桩复合地基路堤方案宜与桥梁方案进行比选。

5.1.4 刚性桩复合地基方案和设计参数应根据沉降控制标准、地质条件、环境、工期、工程经验等选择，并应经试验性施工验证、优化设计。

5.1.5 刚性桩复合地基宜采用大承载力、大间距、大桩帽的疏桩复合地基设计原则，应优先发挥桩的竖向承载能力。

条文说明

刚性桩复合地基设计有密桩复合地基和疏桩复合地基两种设计理念，密桩复合地基延续了砂桩或搅拌桩复合地基的设计理念，将加固区的桩土作为一种"复合材料"，桩间距通常小于1.8m，桩底只进入下卧硬土层0.5~1.0m；疏桩复合地基认为减小桩间软土层的附加应力是减小地基沉降、提高路堤稳定性的关键措施，将刚性桩看作减小桩间软土层中附加应力的构件，桩间距通常大于2m，桩顶设桩帽或筏板，桩底进入下卧硬土层的深度较大。

工程实践表明，采用密桩复合地基的理念进行设计时，虽然可以保证路基安全、控制总沉降，但是刚性桩复合地基的桩间距大、桩承载力大。桩帽大更利于减小路基沉降、提高路基稳定性、降低工程造价。另外，桩间距大还有利于减小挤土效应。当然，对于过渡段末端不能采用"大承载力"的原则。

工程中在刚性桩复合地基中设置土工格栅等土工网的案例较多,本指南未推荐采用桩网复合地基或桩帽网复合地基的主要原因有:

(1) 计算分析表明,利用土工网向桩顶转移荷载的性价比较低;

(2) 工程中土工格栅等铺设平整度难以保证,土工格栅等作用发挥较晚;

(3) 刚性桩复合地基出现网下脱空的可能性较大,土工网的耐久性不容易保证。

5.1.6 刚性桩复合地基路堤应满足容许工后沉降和稳定性要求,刚性桩复合地基涵洞、挡土墙等结构物尚应满足承载力要求。应采取措施避免刚性桩压溃破坏、受弯断裂、倾倒等。

条文说明

形成刚性桩复合地基的前提是刚性桩桩身未破坏或倾倒,刚性桩压溃、受弯断裂、倾倒均可能导致刚性桩复合地基路基滑塌。部分工程滑塌的重要原因是只验算了刚性桩未破坏或倾倒时的稳定安全系数,且未采取避免刚性桩破坏或倾倒、保证形成复合地基的措施。排水固结路段与复合地基路段相邻时、横断面采用复合地基和排水固结两种处理方法时,刚性桩两侧的水平土压力差可能导致刚性桩因承受较大弯矩而断裂;基岩面倾斜且桩底进入硬土层较浅时,可能出现刚性桩倾斜的现象。

本指南未限制桩底刺入破坏,是考虑部分地基桩间土承载力较高,采用疏桩复合地基可以充分发挥桩间土承载能力、有效降低工程造价,此时刚性桩桩底可能发生刺入破坏。

5.1.7 软土采用直接快剪或不固结不排水剪强度指标时路堤稳定安全系数不应小于1.2,采用不排水抗剪强度时路堤稳定安全系数不应小于1.3。考虑地震力时稳定安全系数宜减少0.1。

5.1.8 刚性桩复合地基容许工后沉降应符合下列规定:

1 桥台搭板及其外侧5m的复合地基容许工后沉降不宜大于搭板长度的0.5%;

2 挡土墙容许工后沉降不宜大于10cm;

3 涵洞容许工后沉降不宜大于20cm;

4 一般路段容许工后沉降不宜大于30cm;

5 过渡段应实现两端路基工后沉降的平顺过渡,工后差异沉降率不宜大于0.5%;

6 既有路基扩建刚性桩复合地基工后沉降宜接近既有路基剩余沉降,且工后横坡变化不应大于0.5%。

条文说明

对刚性桩复合地基容许工后沉降统一按照高速公路、一级路的要求,其原因有:

(1) 刚性桩复合地基造价较高,对其加固效果期望也较高;

(2)容许工后沉降大,总沉降和水平位移必然也较大,导致刚性桩承受较大弯矩,不利于路基稳定性。

5.1.9 宜从保护桩帽、土工合成材料的角度对路堤填筑工艺提出要求。与排水固结联合应用的复合地基路堤应提出预压要求。对于软土地区过水涵洞的刚性桩复合地基,尚应提出避免刚性桩倾斜的涵洞基坑开挖措施要求。

5.2 工作垫层

5.2.1 地基承载力不满足刚性桩施工需要或刚性桩施工期间可能积水的路段应设置工作垫层。

5.2.2 工作垫层设计应包括材料、厚度、宽度、压实度、平整度等。

5.2.3 工作垫层厚度应根据地形地貌、地基承载力、刚性桩类型、施工机械接地面积和压力等综合确定,并应符合下列规定:
  1 工作垫层厚度应满足刚性桩施工需要;
  2 桩顶荷载小于单桩极限承载力的复合地基宜采用较薄的工作垫层;
  3 与排水固结联合应用的复合地基、桩顶荷载大于单桩竖向极限承载力的复合地基、经过水域的路基可采用较厚的工作垫层;
  4 软基无硬壳层时,工作垫层厚度不宜小于0.5m,且不宜大于天然地基极限填土高度的0.5倍;
  5 考虑施工扰动导致的软土强度降低和施工机械荷载后的工作垫层稳定安全系数不应小于1.4。

条文说明
  2 桩顶荷载小于单桩极限承载力时,桩底不刺入破坏,桩顶沉降较小,工作垫层厚度过大时会导致桩帽下部脱空,不利于工程耐久性。
  4~5 软土灵敏度通常较大,工作垫层、刚性桩施工等均会对软土结构产生一定扰动,造成软土抗剪强度降低,软土强度降低20%~40%。

5.2.4 工作垫层材料和压实度应符合下列规定:
  1 工作垫层不应采用含有较多块石、建筑垃圾的材料;
  2 水面以下及水面以上0.2m范围内宜采用砂、碎石、石屑等水稳定性好的材料;
  3 除与软土层直接接触的0.5m厚工作垫层外,工作垫层压实度要求宜与路堤相同部位的压实度相同。

条文说明

2 为保证工作垫层压实度,对受水影响的工作垫层规定采用容易密实的水稳定性材料。

3 工作垫层是路基的组成部分,其压实度不足时会增大路基工后沉降,不利于路基稳定性。较高的压实度可提高工作垫层地基承载力、利于保证桩垂直度,减少地基处理施工机械行走及重设备填筑路堤时破坏已施工桩。

工程实践表明,与软土层接触的工作垫层难以达到93%等常规要求的压实度。

5.2.5 工作垫层宽度应使最外侧刚性桩正常施工,工作垫层平整度应利于刚性桩施工垂直度偏差满足要求。

5.2.6 地基极限承载力小于40kPa的非水塘路段,可采用就地固化技术等对浅层软土固化形成工作垫层。

条文说明

地基极限承载力低于40kPa时,通过填筑工作垫层保证刚性桩施工安全的难度较大。采用就地固化技术形成工作垫层,不但可以形成刚性桩施工工作面,而且减少了桩帽下路基荷载,增大了桩上端的嵌固效应,降低了刚性桩偏斜的风险。

5.3 刚性桩

5.3.1 刚性桩设计内容应包括桩型、桩径、平面布置、桩距、单桩承载力、桩长、桩身强度、桩身配筋等。

5.3.2 桩型选择应符合下列规定:

1 桩型选择应根据工程地质、水文地质条件、路堤或结构物对地基处理的要求,并结合地区经验、周边环境,按照因地制宜、经济实用的原则进行选择。

2 刚性桩可按表5.3.2选择。

表5.3.2 公路地基处理常用刚性桩参数

桩型	软土不排水强度	直径(m)	长度(m)	强度等级	桩间距(m)	施工机械	挤土效应	施工泥浆	施工效率(m/台班)
预制管桩	—	宜0.3~0.4	不宜大于40m	宜C60~C80	宜2.0~3.5	大型	较小	无	150~250
CFG桩	不宜小于12kPa	宜0.4~0.5	不宜大于25m	沉管法宜C15~C20,长螺旋泵压法宜C20~C25	宜2.0~3.0	大型	沉管法大	无	150~200

续上表

桩型	软土不排水强度	直径(m)	长度(m)	强度等级	桩间距(m)	施工机械	挤土效应	施工泥浆	施工效率(m/台班)
素混凝土桩	不宜小于12kPa	宜0.4~0.5	不宜大于25m	沉管法宜C15~C20，长螺旋泵压法宜C20~C25	宜2.0~3.0	大型	沉管法大	无	150~200
现浇筒桩	不宜小于12kPa	宜1.0~1.2	不宜大于30m	宜C20~C25	宜3.0~4.5	大型	小	无	150~200
TC桩	—	宜0.16~0.2	不宜大于20m	宜C25~C35	宜1.3~1.8	大型	较小	无	300~400
Y形桩	不宜小于12kPa	外包圆宜0.6~0.8	不宜大于20m	宜C25~C30	宜2.0~3.5	大型	较小	无	150~200
挤扩支盘桩	不宜小于12kPa	宜0.4~0.6	不宜大于35m	宜C25~C30	宜2.5~4.5	大型	小	多	150~200
劲芯搅拌桩	—	芯桩宜0.2~0.4，搅拌宜0.5~1.0	不宜大于20m	芯桩宜C30~C80，搅拌桩宜大于0.5MPa	宜2.0~4.5	大型	小	少	150~200
碎石注浆桩	不宜小于12kPa	宜0.3~0.4	不宜大于30m	宜C15~C20	宜1.5~2.5	地质钻机	小	多	100~150
花管注浆桩	—	宜0.15~0.2	不宜大于30m	宜C15~C20	宜1.0~1.6	地质钻机	压力注浆时大	较多	200~250
模袋注浆桩	—	宜0.3~0.4	不宜大于25m	宜C15~C20	宜1.5~2.5	地质钻机	大	少	200~250

3 对含水率高于75%的淤泥、孔隙比大于3的泥炭土等地基，CFG桩、素混凝土桩、碎石注浆桩、现浇筒桩、Y形桩、挤扩支盘桩等灌注桩宜试桩验证成桩可能性。当灌注桩充盈系数大于1.5时，宜采用预制桩，有经验时可采用设置套管或模袋的灌注桩。

4 加固深度内存在流动地下水或承压水时应慎用灌注桩或注浆桩。

5 劲芯搅拌桩底端进入硬土层时宜采用哑铃形搅拌桩。

6 软土层中桩体不宜采用没有模袋的劈裂注浆方式形成。

7 持力层中孤石多的路段、基岩覆盖层薄且岩面高程变化大的路段不宜采用预制桩。

8 对既有桥梁下路基、高压线下路基等净空受限制的路基，刚性桩宜采用地质钻机等小型机械施工的刚性桩。

9 软基中变桩长过渡段不宜采用挤扩支盘桩。

10 存在液化土层的软基路堤宜采用挤土型刚性桩。

条文说明

2 刚性桩参数是在大量工程实践的基础上推荐的。

1）长螺旋泵压法因要求坍落度较大，混凝土强度等级不宜低于C20。花管注浆桩、碎石注浆桩、模袋桩等主要用于既有路基加固、高压线或既有桥梁下的路基地基处理，需要的小型钻机施工，通常需要注浆形成桩体，桩身强度等级不宜要求太高。

2）在不排水抗剪强度低于12kPa的软黏土地基中，不论采用沉管法施工，还是长螺旋泵压法施工，无套管或模袋的现场灌注桩扩孔严重甚至难以成桩。

3）灌注桩适用深度多受抽芯检测、施工能力的限制。TC桩（塑料套管现浇混凝土桩）由预制桩尖、螺纹塑料套管、混凝土桩身、盖板等组成。TC桩是将塑料套管采用专用设备将管打入需要加固的地基中，套管为底部封闭，顶部开口，塑料套管全部打设完毕后，再统一对埋设在地基中的套管内用混凝土连续浇筑成桩，套管不再取出，套管与填充物形成了加固桩。TC桩因可在混凝土浇筑前检测深度，因此桩长不受检测限制，主要受桩身压屈、施工能力限制。

4）Y形桩断面形状为三段向内的圆弧弧线，外加3个尖角组成曲边三角形（图5-1、图5-2），采用沉管灌注成桩，能发挥等截面非圆形桩侧表面积增大、侧摩阻力提高的特点。

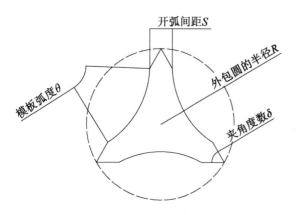

图5-1 Y形桩截面形状示意图

图5-2 打设后的Y形桩

5）模袋注浆桩通过注浆管将浆液注入预先埋设于软土中的土工模袋内，挤压周围土体形成桩体，克服了钢花管注浆、袖阀管注浆难以竖向连续形成桩体的缺点。模袋注浆桩注浆前示意如图5-3所示。

3 充盈系数过大时，不但导致工程成本增大，而且由于地面隆起、水平位移严重，可能导致断桩率较高、刚性桩倾斜。设置套管或模袋可有效减小充盈系数。

5 劲芯搅拌桩具有土抗力和桩身强度提供的竖向极限承载力均较大的优点。软土层下面硬土层为黏性土时，将搅拌桩作成哑铃形有利于将路堤荷载传递到压缩性小的持力层，减少软土层中的附加应力，从而减少复合地基沉降。

6 在软土中劈裂注浆往往形成脉状（图5-4）、片状浆体，难以形成竖向连续的桩体，注浆量较大时可能造成地面隆起、开裂、位移严重。设置模袋有利于形成竖向连续的桩体。

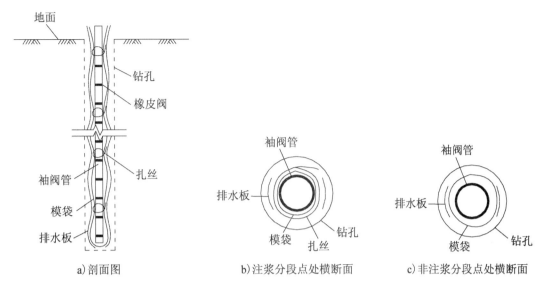

图 5-3 模袋注浆桩注浆前的示意图

图 5-4 花管劈裂注浆形成的脉状浆体

5.3.3 刚性桩直径应根据质量检测需求、性价比、供应情况、地质情况、工程经验等综合确定。无经验时可按表 5.3.2 确定。

5.3.4 刚性桩间距应根据路段特点、结合工程经验确定。无经验时可按表 5.3.2 确定，与排水固结联合应用时桩间距宜采用大值。

5.3.5 刚性桩在路基横断面的布置应符合下列规定：

1 刚性桩宜在路堤或挡土墙基础范围内布置。如不与排水固结法联合应用，桩帽外缘与边坡的水平距离不应大于式(5.3.5)计算值，不宜大于桩距，且路基稳定安全系数应满足要求。

$$L_p = h(m_s - \sqrt{K_a}) \tag{5.3.5}$$

式中：L_p——桩帽外缘与路堤边坡的水平距离(m)；

h——桩帽顶面与路堤顶面的竖向距离(m);
m_s——边坡坡率;
K_a——主动土压力系数。

2 过渡段末端等沉降较大的路段,坡肩附近桩的极限弯矩宜大于路基中线附近桩的极限弯矩。

3 既有路基沉降过大时宜布置在路肩内,稳定性不足时宜布置在加固前最危险滑动面圆心的内侧。

条文说明

1 稳定分析表明,最危险滑动面圆心位于坡脚内侧,坡脚外侧土体隆起,桩体受拉,其抗滑作用较小,因此不建议在坡脚外布桩。

式(5.3.5)引自英国标准《加筋土工程技术规范》(BS 8006-1:2010),其主要目的是避免刚性桩外侧沉降对路肩产生不利影响。稳定分析表明,低于天然地基极限填土高度的路基边坡部分的刚性桩对路基稳定性作用不大。但是为避免路基边坡范围内因差异沉降出现开裂现象,通常做法是对整个路基范围内均布置刚性桩。

当采用复合地基与排水固结法联合应用(图5-5)时,只在高于极限填土高度的部分布置刚性桩有利于降低造价,且通过排水固结可以避免边坡范围工后出现裂缝。

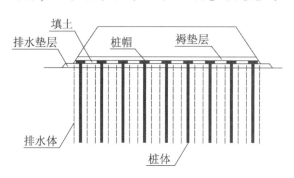

图5-5 复合地基与排水固结法联合应用

2 路基边坡及坡肩附近水平位移、桩身弯矩均远大于路基中线附近的水平位移和桩身弯矩。研究表明,路基坡脚附近的桩,路肩附近的刚性桩对路基稳定性非常关键,其受弯断裂导致路基滑塌的可能性较大。对过渡段末端等沉降较大的路段,路肩附近的刚性桩比路基中线附近的刚性桩采用较大的极限弯矩可以有效提高路基稳定性。

5.3.6 刚性桩长度应符合下列规定:

1 除结构物过渡段外,单桩竖向极限承载力不宜小于单桩分担面积内路堤荷载的1.3倍,且天然地基最危险滑动面以下桩段的竖向极限承载力宜符合式(5.3.6)的要求。

$$Q_{udk} \geq (p - f_{sk})A_u \quad (5.3.6)$$

式中:Q_{udk}——天然地基最危险滑动面以下桩段的竖向极限承载力(kN);

p——路肩内路堤荷载集度(kPa);

f_{sk}——天然地基软土承载力特征值(kPa);

A_u——单桩分担面积(m^2)。

2 单桩承载力、桩长应根据路基稳定分析、复合地基承载力验算、沉降计算等确定。

5.3.7 桩身强度应符合下列规定：

1 桩身强度等级可参考表 5.3.2 的建议值，桩身材料轴心抗压强度设计值应符合式(5.3.7)的要求。

$$f_c \geq \frac{1.3 F_{am}}{\psi_c A_p} \quad (5.3.7)$$

式中：f_c——轴心抗压强度设计值(kPa)；

F_{am}——桩身最大轴力(kN)，可取土抗力控制的单桩竖向极限承载力与单桩分担面积内路堤荷载中的小者；

ψ_c——成桩工艺系数，可按表 4.3.5 取值；

A_p——桩身横截面面积(m^2)。

2 灌注桩穿过饱和砂层时，混凝土等级不宜小于 C25。

条文说明

1 复合地基中刚性桩配筋较少，因此钢筋的作用可忽略不计。刚性桩复合地基中的刚性桩可能达到竖向极限承载力。为避免桩身抗压强度控制单桩竖向极限承载能力，利用单桩竖向极限承载力与单桩分担面积内路基荷载中的小者计算混凝土轴心抗压强度设计值。

5.3.8 路基最外侧刚性桩的极限弯矩不宜小于路堤重度乘以 $[F_s]$ 后的桩身最大弯矩。

条文说明

绕流滑动稳定分析的前提是刚性桩桩身不能受弯断裂，特别是路肩附近的刚性桩。因此，为保证路基满足 $[F_s]$，路基荷载需要放大 $[F_s]$ 倍时的桩身最大弯矩不应大于桩身极限弯矩。

路基边坡范围部分混凝土桩受弯开裂或断裂，不一定导致路基滑塌，但是会因为差异沉降导致路基边坡开裂，并导致工程浪费。

5.3.9 地基土或地下水对混凝土具有中等及以上腐蚀时，刚性桩应符合现行《混凝土结构设计规范》(GB 50010)对混凝土防腐蚀和耐久性的要求。

5.3.10 过渡段刚性桩复合地基设计应符合下列规定：

1 刚性桩复合地基路段与排水固结路段、柔性桩复合地基路段等之间应设置过渡段。

2 采用复合地基的挡土墙内侧当采用排水固结法时,除非堆载预压后再施工刚性桩,墙后宜设置过渡段。

3 过渡段长度宜按式(5.3.10)计算。

$$L_a = \frac{\Delta S}{i_a} \tag{5.3.10}$$

式中:L_a——过渡段长度(m);

ΔS——过渡段两端容许工后沉降差(m);

i_a——容许工后差异沉降率,宜取0.005。

4 过渡段宜采用变桩长、变间距等方式,路堤高度小于4m时宜采用变桩长方式。

5 采用变间距的过渡段刚性桩间距宜逐排增大,采用变桩长的过渡段刚性桩长度宜逐排减小。

6 过渡段末端复合地基路段工后沉降宜与相邻排水固结路段工后沉降相等。与排水固结路段相接的过渡段采用复合地基与排水固结法联合应用时,过渡段末端的总沉降、工后沉降宜分别与排水固结路段的总沉降、工后沉降相等。

7 过渡段应验算工后沉降、工后差异沉降、路基稳定性、刚性桩抗弯性能等。

条文说明

2 路基横断面内同时采用排水固结(包括软基不处理)与复合地基的缺点有:

1)容易出现不均匀沉降,导致路堤出现裂缝,雨水或地下水进入裂缝产生水压力、浸泡路堤土,不利于路基稳定性;

2)排水固结部分沉降较大,对复合地基部分产生负摩擦,可能导致部分桩体刺入破坏,桩间荷载增大;

3)排水固结部分沉降伴随的水平位移对复合地基桩体产生挤压,产生弯矩,可能导致刚性桩受弯断裂(图5-6)。

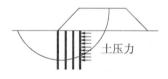

图5-6 横断面内排水固结区对复合地基桩体的水平土压力

因此,除非堆载预压后卸载施工刚性桩,需要在墙后设置一定长度的过渡段。过渡段的刚性桩内外两侧水平土压力差渐变,且桩身压力较大,可以避免刚性桩受弯断裂。

3 容许工后差异沉降率是参考《公路路基设计规范》(JTG D30—2015)关于既有路基扩建容许横坡变化率提出的,主要目的是减少路面破坏、保证行车安全,减少运营养护工作量。

4 过渡段末端沉降和侧向位移较大,采用变桩长法时桩身弯矩较小,变桩长法可以保持桩帽净间距不变,利于土拱效应的形成。过渡方式如图5-7所示。

5 强调逐排间距增大或桩长减小的目的是真正实现工后沉降逐渐增大、平顺过渡。工程实践表明,目前分段改变间距或桩长的做法未真正实现工后沉降平顺过渡的目的,只是将跳车位置往路基方向移动了,复合地基与排水固结路段交界处附近仍然会出现差异沉降和跳车现象。

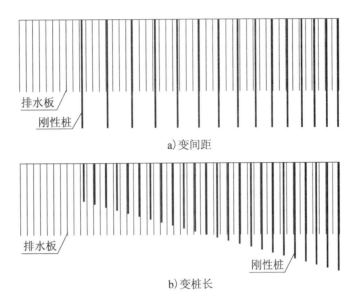

图 5-7 过渡方式

5.3.11 用于既有路基扩建的刚性桩复合地基应符合下列规定:

1 既有路基加固应收集地质、路基、沉降等资料,并预测剩余沉降;

2 扩建部分的工后沉降宜等于既有路基的剩余沉降;

3 既有路基采用换填方案、复合地基时,宜削陡既有路基边坡至原地基处理边缘,将新增刚性桩桩顶设置在同一高程;

4 既有路基采用排水固结法处理时,既有路基坡脚以内刚性桩布置范围应根据沉降、横坡沉降差计算确定。

5.3.12 用于既有路基加固的刚性桩复合地基应符合下列规定:

1 既有路基加固应收集地质、路基、病害、交通等资料,分析病害类型和原因;

2 桩型应根据交通情况、地质情况、病害路段环境等选择,可采用花管注浆桩、碎石注浆桩、CFG 桩或素混凝土桩,也可在路堤中引孔设置预制管桩;

3 刚性桩复合地基应采取防止对路面冲顶的措施;

4 在路堤中设置刚性桩时,应采取措施提高路堤中刚性桩的侧摩阻力;

5 当既有路基稳定性不足或滑塌时,宜反算地基抗剪强度并根据稳定分析确定桩间距;当既有路堤剩余沉降过大时,宜根据沉降计算确定桩间距。

条文说明

3 由于桩间软土主、次固结沉降,桩间土沉降总是大于刚性桩沉降;加之刚度差异,既有路堤增设刚性桩时极易对路面产生冲顶效应。为避免刚性桩对路面结构的冲顶,可采取以下措施之一：

1）引孔中微膨胀混凝土浇筑至路床底面以下0.5m处，将EPS颗粒与中粗砂装入直径稍小于引孔直径的塑料袋中，将塑料袋放入引孔内，然后继续浇筑微膨胀混凝土至路床底面。

2）在刚性桩桩顶设置钢筋混凝土板，并按承担全部板上荷载的连续板进行配筋。

3）通过采用在地基中扩孔的碎石注浆桩等刚性桩、在路堤引孔中回填散体材料等措施确保桩顶与路床顶面之间的填土厚度大于2倍桩间距，使桩顶路堤形成稳定土拱；基于压缩深度理论，桩顶与路床顶面之间的填土厚度大于3倍桩直径时，冲顶效应也较小。

4）合理选择路堤中刚性桩长度、直径和地基中刚性桩竖向极限承载力，使地基中刚性桩上的荷载大于地基中刚性桩竖向极限承载力，使桩底端发生刺入破坏，从而达到桩土同步沉降的目的。与此同时，路床范围内引孔中应填筑不少于0.5m厚的散体材料。

5.3.13 有挤土效应的灌注桩上部宜设置不少于4m长的钢筋笼或插筋，无挤土效应的灌注桩桩身上部应设置与桩帽连接的插筋。

条文说明

工程实践表明，沉管灌注桩施工时地面隆起会导致断桩率较高。虽然断桩对竖向承载力影响不大，但是对水平承载力非常不利。在桩身上部插设钢筋有利于减少断桩，且利于锚固桩帽。

5.3.14 刚性桩构造设计应符合下列规定：

1 TC桩塑料套管的参数宜符合现行《建筑排水用硬聚氯乙烯管件》(GB/T 5836.2)的要求。

2 挤扩支盘桩的挤扩支盘应设置在硬土层，支盘直径宜为0.9~1.4m。

3 筒桩壁厚宜为0.12~0.15m，顶部宜设置0.2m高的实心段。

4 碎石注浆桩宜采用PVC注浆管，注浆管应伸至桩底。

5 模袋注浆桩浆液重度宜大于软土重度。模袋注浆应在土层分界处设置注浆分段点，同一土层注浆段长度不宜大于5m。除最下面一段外，每段模袋的长度应等于桩段长度与桩直径之和。模袋极限抗拉强度宜大于式(5.3.14-1)计算值。

$$T_r = 0.5 K_p d l \gamma_s' \tag{5.3.14-1}$$

式中：T_r——模袋拉力(kN/m)；

K_p——桩周土被动土压力系数；

d——桩直径(m)；

l——桩长(m)；

γ_s'——桩周土浮重度(kN/m³)。

6 灌注桩设置模袋时宜通长设置，模袋极限抗拉强度应大于式(5.3.14-2)计算值。

$$T_r = dL(K_{0c}\gamma_c' - K_{0s}\gamma_s') \tag{5.3.14-2}$$

式中：L——软土层底面以上的桩长（m）；

K_{0c}——混凝土静止土压力系数，无试验资料时可取 0.5；

K_{0s}——桩周土静止土压力系数；

γ'_c——混凝土浮重度（kN/m^3）。

条文说明

5 模袋注浆重度比软土重度大有利于避免缩孔。在土层分界处设置注浆分段点有利于保证不同土层中桩径接近。

万一某注浆段上部的扎丝不能打开，模袋长度比相应桩段长度大则可使上段注浆体在自重作用下可以坐套在未打开扎丝的注浆桩段上面，从而保证桩体轴力仍能有效传递。

式（5.3.14-1）假设每个桩段注浆末期浆液压力等于桩周土被动土压力，上部浆液呈半球形，安全系数取 2.0。

6 未凝固的混凝土有外挤的趋势，式（5.3.14-2）偏保守地假设未凝固的混凝土、桩周土均为静止土压力状态，安全系数取 2.0。

5.3.15 应根据工程情况提出试桩目的和试桩要求。

5.4 基础

5.4.1 基础类型和参数确定应符合下列规定：

1 应坚持优先发挥刚性桩竖向承载力的原则；
2 桩顶处的桩土应力比不宜小于桩土承载力比；
3 基础类型确定宜符合表 5.4.1 的规定；

表 5.4.1 建议的基础类型

桩直径（m）	桩间距（m）	桩顶与路床的距离（m）	推荐基础类型
≤0.6	≤1.6	>2 内桩净间距	碎石垫层
≤0.6	≤1.6	≤2 内桩净间距	桩帽或筏板
≤0.6	>1.6	>2m	桩帽
≤0.6	>1.6	≤2m	筏板
>0.6	>2.0 且 >2.5d	>3m	桩帽
>0.6	>2.0 且 >2.5d	≤3m	筏板

注：d 为桩的直径。

4 下列路段桩帽之间宜设置系梁：

1）采用复合地基与排水固结法联合应用的一般路段高填方路堤；
2）沿路基横断面软土厚度变化大的高填方路堤；
3）陡坡高路堤。

条文说明

3 路堤下刚性桩复合地基的基础类型有碎石垫层、桩帽(有时桩帽之间设置连梁)、筏板等(图5-8)。桩净间距较小且桩顶能形成稳定土拱时可以采用碎石垫层,否则根据经济技术比较采用桩帽或筏板。

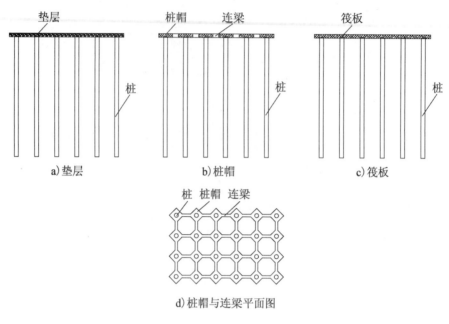

图 5-8 基础类型

4 前两种路基桩间荷载较大,地基的沉降、水平位移和桩身弯矩均较大。桩帽之间设置连梁可以增强复合地基的整体性,并减小混凝土桩桩身弯矩。后两种路基容易出现刚性桩倾斜的情况,桩帽之间设置连梁可以增强复合地基的整体性。图 5-8d)布置方式的连梁长度较小。

5.4.2 桩帽设计应符合下列要求:

1 桩帽宜采用方形桩帽。

2 桩帽覆盖率不宜小于16%,桩间距小、路堤高度大或土拱高度范围内摩擦角小时桩帽覆盖率不宜小于25%。桩帽之间的净间距不宜大于桩帽顶面与路床顶面之间距离的0.5倍,路基附近可能出现开挖、降水等情况时应减少桩帽净间距与桩帽以上填土厚度的比值。

3 桩帽厚度宜大于桩帽悬臂长度的0.6倍,且不宜小于0.35m。

4 桩帽混凝土强度等级不宜低于C25,宜现浇。

5 桩帽顶面宜与工作垫层顶面齐平。

6 桩顶进入桩帽不应少于5cm,桩帽与刚性桩之间应采用钢筋连接,锚固长度不得小于35倍钢筋直径。

7 桩帽顶面沿周长每米的配筋面积应取式(5.4.2-1)和式(5.4.2-2)计算值中大者,桩顶和桩顶外的桩帽应分别进行配筋计算。桩帽底面宜按结构配筋。

$$A_s \geqslant \frac{f_c h_0 - \sqrt{f_c^2 h_0^2 - 2f_c M_c}}{f_y} \tag{5.4.2-1}$$

$$A_s = \frac{11411 M_c - 2933 f_{tk} h_c h_0}{h_0 E_b} a_n + \sqrt{\frac{(11411 M_c - 2933 f_{tk} h_c h_0)^2 a_n^2}{h_0^2 E_b^2} + \frac{481 M_c - 124 f_{tk} h_c h_0}{h_0 E_b} h_c d_b} \tag{5.4.2-2}$$

式中：A_s——沿桩帽周长每米的配筋面积(m^2)；

$\quad\quad f_c$——混凝土抗压强度设计值(kPa)；

$\quad\quad f_y$——钢筋抗拉强度设计值(kPa)；

$\quad\quad a_n$——钢筋净保护层厚度(m)；

$\quad\quad E_b$——钢筋弹性模量(kPa)；

$\quad\quad f_{tk}$——混凝土抗拉强度标准值(kPa)；

$\quad\quad h_c$——桩帽厚度(m)；

$\quad\quad d_b$——钢筋直径(m)。

其他符号含义同本指南第4.4.3条。

条文说明

2 刚性桩竖向承载力大、水平承载力小。应采取措施使大部分路堤荷载转移到桩顶，使刚性桩刺入破坏先于桩间土破坏，充分发挥刚性桩竖向承载能力，并通过减小桩间土承担的荷载，避免因水平位移大而导致刚性桩倾斜或断裂，规避刚性桩抗弯性能差的缺点。

由表A-1可知，桩间距越小、土拱高度范围内摩擦角越小、桩帽边长与桩间距的比值越小，临界高度和桩土最大应力比越小。为充分发挥刚性桩的承载力，桩间距小、路堤高度大或土拱高度内摩擦角小时宜采用较大的桩帽覆盖率。由表A-2可得图5-9。

由图5-9可知，当路堤高度低于临界高度时，桩帽大小对土拱控制的桩顶荷载影响较小，可采用较小的桩帽。当然，较小的桩帽对加筋材料的要求会增大。

英国规范BS 8006根据Hewlett、Low和Randolph等人的研究成果，假定土体在压力作用下形成的土拱为半球拱，路堤的填土高度超过桩帽净间距的1.4倍时，才能产生完整的土拱效应。北欧规范引用了Carlsson的研究成果，假定桩网复合地基平面土拱的形式为三角形楔体，顶角为30°，土拱高度为桩帽净间距的1.87倍。日本细则采用了应力扩散角的概念，同样假定桩网复合地基平面土拱的形式为三角形楔体，顶角为材料内摩擦角的2倍，当内摩擦角为30°时，土拱高度为桩帽净间距的1.22倍。美国运输部联邦公路管理局《地基处理手册》建议正方形布桩时应满足式(5-1)，等腰三角形布桩时应满足式(5-2)，等边三角形布桩时应满足式(5-3)。

$$D \leqslant 1.2(h-b) \tag{5-1}$$

$$D \leqslant 1.4(h-b) \tag{5-2}$$

$$D \leqslant 1.5(h-b) \tag{5-3}$$

式中：D——桩间距(m)；
　　　h——桩帽以上路堤高度(m)；
　　　b——桩帽边长(m)。

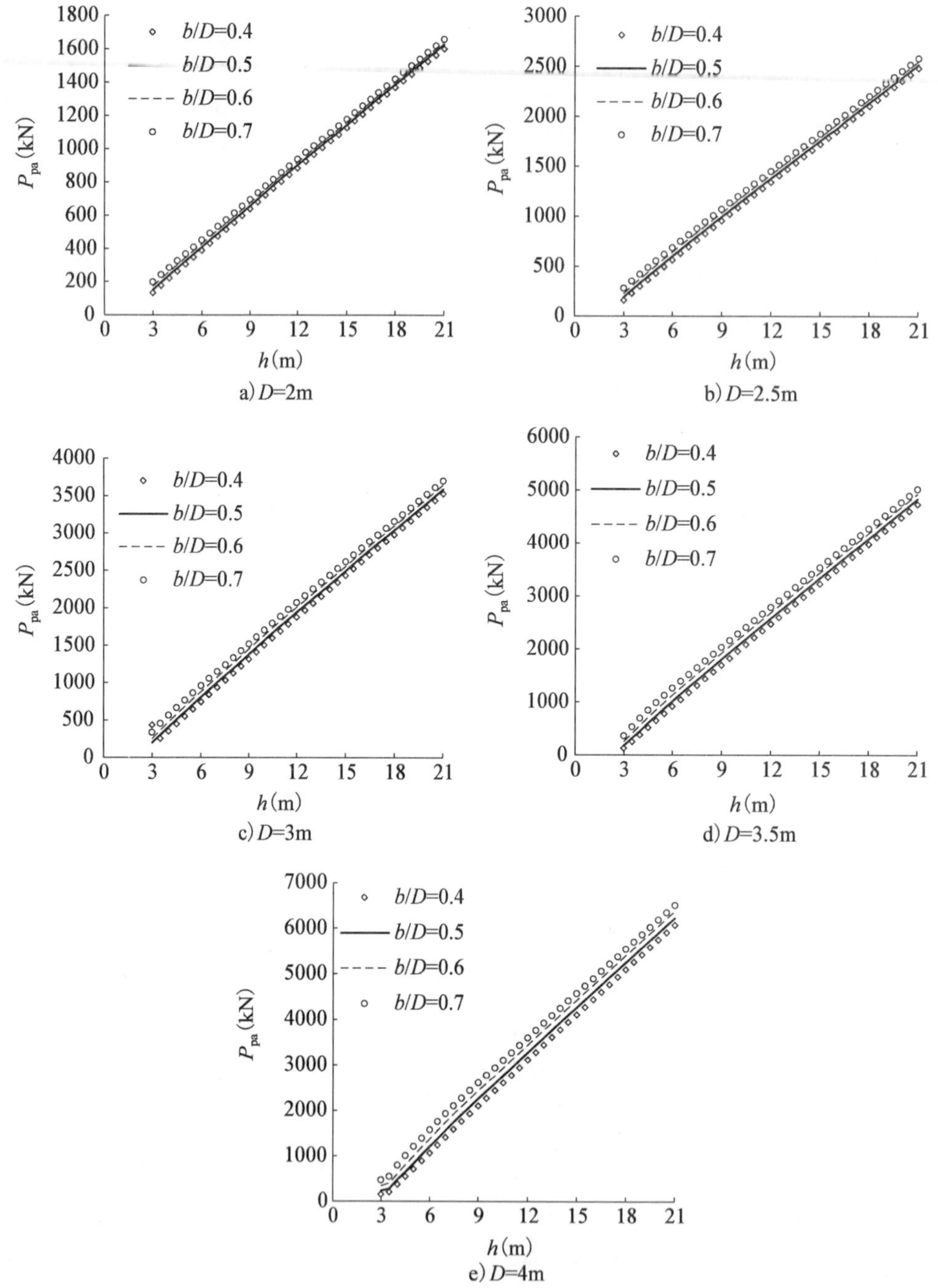

图 5-9　土拱控制的桩顶荷载

曹卫平通过平面土拱模型试验揭示等沉面高度约为净间距的 1.4~1.6 倍。

对于路基等沉面高度，福建省地方标准《刚性桩桩网路基设计与施工技术规程》（DBJ/T 13-221—2015）建议考虑拱壳厚度，并建议拱壳厚度取桩帽宽度的 1/2。

为减小对路面结构产生冲剪效应，路床顶面以下应形成完整的土拱。考虑地下水上升、路堤下部压实度偏低、交通振动对土拱长期稳定性的不利影响等因素,桩帽净间距建议小于桩帽以上填土厚度的0.5倍。

随着我国经济不断发展,公路附近城镇化不断加强,路基附近可能出现基坑开挖、降水等。工程实践表明,当桩帽净间距与桩帽以上填土厚度的比值较大时,路基附近基坑开挖、降水等会导致桩间土沉降,削弱土拱效应,对路面结构造成损害。

4 桩帽与桩的牢固连接、桩帽顶面的水平程度对刚性桩作用的发挥非常重要。工程实践表明,预制桩帽很难与刚性桩连接牢固,路基填筑时容易导致桩帽倾斜。

5 目前桩帽往往高出工作垫层,桩帽之间填筑中粗砂,不但增加工程造价,而且中粗砂施工困难,易于破坏桩帽。因此将桩帽顶面与工作垫层齐平,不但可以取消中粗砂,而且可以利用土模施工桩帽,利于保护桩帽。

6 桩帽与桩身采用钢筋连接可以有效避免填土施工时和地基水平位移时桩帽与桩脱离。部分公路桩帽偏小,且未配筋,也未与桩身通过锚筋连接,路堤填筑时桩帽断裂严重,部分桩帽与桩脱离,路基沉降量较大。

7 式(5.4.2-1)、式(5.4.2-2)分别根据《混凝土结构设计规范》(GB 50010—2010)中弯矩与钢筋面积关系、最大裂缝宽度公式得到。

5.4.3 连梁设计应符合下列规定:

1 连梁可只在路基边坡及路肩内6m范围内设置,连梁可只沿路基横断面设置;

2 连梁高度宜与桩帽高度相等,宽度不宜小于20cm;

3 连梁应验算抗弯、抗剪、抗裂等性能,梁上荷载集度宜按本指南第4.2.3条中的p_{sc}计算。

条文说明

1 离心试验和数值分析均表明,边坡范围内刚性桩水平位移较大,其他部位水平位移较小;坡肩附近的刚性桩受弯断裂对路基稳定性影响较大。滑塌工程调查表明,刚性桩复合地基路基滑塌范围切入到路肩以内的宽度比排水固结窄。因此,可只在路基边坡及路肩内6m范围内设置连梁。

5.4.4 边坡下地基对路堤的极限摩擦力小于路肩处主动土压力的1.5倍,且不设置连梁、筏板的软土地区,刚性桩复合地基宜设置加筋材料。加筋材料设计应符合下列规定:

1 加筋材料宜采用双向或三向土工格栅。

2 加筋材料应覆盖所有桩帽,加筋材料伸出路肩的长度不应小于式(5.4.4-1)计算值。

$$L_e = \frac{1.7 T_{ds}}{\gamma_f h_1 \tan\varphi_d} \quad (5.4.4\text{-}1)$$

式中:L_e——加筋材料伸出路肩的长度(m);

T_{ds}——路堤水平土压力在加筋材料中产生的拉力(kN/m);

γ_f——填土重度(kN/m³);

h_1——路肩外加筋材料上路堤土平均高度(m);

φ_d——加筋材料与路堤土界面摩擦角(弧度),无试验资料时可按 $\tan\varphi_d = (0.6 \sim 0.8)\tan\varphi_f$ 取值。

3 桩帽距离路基边坡的水平距离小于式(5.4.4-2)计算的 L_b 时,加筋材料两端宜锚固在桩帽上。

$$L_b = \frac{1.7(T_{rp} + T_{ds})}{\gamma_f h_2 \tan\varphi_d} \tag{5.4.4-2}$$

式中:L_b——加筋材料伸出最外侧桩帽的长度(m);

T_{rp}——土工格栅兜体力(kN/m);

h_2——最外侧桩帽外侧加筋材料上路堤土的平均高度(m)。

4 沿路基纵向,加筋材料铺设范围超过最外侧一排桩帽外边缘不应小于式(5.4.4-3)计算值。

$$L_b = \frac{1.7 T_{rp}}{\gamma_f h_2 \tan\varphi_d} \tag{5.4.4-3}$$

5 加筋材料设计抗拉强度对应的安全系数不应小于3.0,设计抗拉强度对应的延伸率宜小于6%,蠕变延伸率应小于2%,累计延伸率应小于极限抗拉强度对应的延伸率的70%。

6 加筋材料设计抗拉强度之和不应小于式(4.4.1-1)与式(4.4.1-2)计算值之和,桩帽间纵横方向均设置连梁时加筋材料可只承担 T_{rp}。第一层加筋材料外的加筋抗拉强度应乘以0.6的折减系数。

条文说明

对于刚性桩复合地基,加筋材料的主要作用有:

(1)承担路堤水平土压力,减少地基的水平位移;

(2)将部分桩间荷载向桩顶转移;

(3)利于路堤中形成和维持土拱。

刚性桩复合地基设置连梁、格梁、筏板时,上述作用难以发挥或弱化,不必设置加筋材料。

2 式(5.4.4-1)参考 BS 8006,其中1.7为加筋材料界面摩擦力分项系数1.3与荷载分项系数1.3之积。

3 式(5.4.4-2)参考 BS 8006,其中1.7为加筋材料拔出阻力分项系数1.3与荷载分项系数1.3之积。

5.4.5 褥垫层设计应符合下列规定:

1 刚性桩复合地基未设置筏板时,桩(帽)顶面应设置褥垫层;

2 褥垫层设计内容应包括垫层宽度、厚度、材料等;

3 褥垫层宜采用砂或碎石,最大粒径不应大于40mm,含泥量不应大于5%;

4 褥垫层厚度不宜小于0.5m;

5 当涵洞、挡墙底面软土不排水抗剪强度低于15kPa时,桩顶不宜设置褥垫层。

条文说明

5 工程实践表明,当涵洞、挡墙底面土层非常软弱时,桩间土承载力利用价值不高。设置褥垫层可能导致桩间土承担较大荷载,桩间土产生较大水平位移,导致涵洞、挡墙节段分裂。因此不建议设置褥垫层。

5.4.6 筏板设计应符合下列规定:

1 筏板设计内容应包括宽度、厚度、混凝土、配筋等;

2 筏板应验算抗弯、抗剪、抗裂等性能;

3 软土地区筏板受力分析时不宜考虑桩间土反力;

4 筏板下复合地基承载力可采用锚撑法或修正密度法验算,稳定分析时不应考虑筏板的抗剪强度。

6 施工

6.1 一般规定

6.1.1 刚性桩施工顺序应符合下列规定：

1 桥梁附近具有挤土效应的桩应在桥梁桩基施工之前施工；桥梁附近的复合地基总沉降大于 30cm 时，路堤填筑应在桥梁桩基施工之前完成。

2 辅路采用复合地基，主线采用具有挤土效应的桩时，应先施工主线的复合地基。

3 改河工程附近的桩宜在改河后施工。

4 复合地基与排水固结法联合应用时，宜先施工排水垫层和竖向排水体，在排水垫层上施工约 0.5m 厚填土后再施工桩。

5 应由路基中间向两侧施工，由既有结构物向远处施工，由既有沟渠向远处施工。

6 宜采用后退式施工，避免施工机械挤压已施工桩。

条文说明

4 先施工排水垫层和竖向排水体再施工复合地基有利于增加软土排水固结时间，利于减少挤土效应、利于提高土体强度。

在排水垫层上填筑约 0.5m 厚填土后再施工桩体有利于保护排水体；可利用土模施工桩帽，使桩帽与填土紧密结合，避免填土施工时破坏桩帽；利于保证桩帽顶面位于同一水平面上。

6.1.2 桩帽以上 3m 范围内不应采用冲击碾压施工方法，路堤填筑速率应根据施工监测结果确定。

6.2 施工准备

6.2.1 刚性桩复合地基路堤施工准备应包括图纸会审、现场情况核查、试桩方案与施工方案编制、施工便道和工作垫层施工、施工材料准备等。

6.2.2 图纸会审应符合下列规定：

1 应检查各路段的地质勘察资料，地基处理设计及路堤设计资料均应收集齐全。存在缺少地质资料的工点时，应提出补充勘察的要求。

2 应检查刚性桩设计参数、施工要求、检测要求、监测要求等是否明确,对未明确的内容应提出。

6.2.3 现场情况核查与反馈应符合下列规定:
1 应测量上跨刚性桩复合地基的电线、桥梁与地面的距离。
2 应核查刚性桩复合地基范围内地下管线、构筑物。
3 软土地区应查明或测量路基及其两侧30m范围内的地形、地貌、高程、地面横坡,现场情况与图纸存在明显差别、影响施工时应提出。
4 软土地区沟谷路段宜采用挖掘机等进行挖探,核实地质情况。当地质资料不符或出现异常时,应提出。

6.2.4 除采用静压施工外,刚性桩宜在勘察孔附近进行试桩,并应根据试桩目的和试桩要求编制试桩方案,试桩方案编制应符合本指南附录第C.1节的要求。

6.2.5 刚性桩复合地基施工方案应在图纸会审、现场核查的基础上编制。刚性桩施工方案应符合本指南附录第C.2节的要求。

6.2.6 施工便道宜设置在刚性桩复合地基外侧,并应采取措施减少对刚性桩的挤压。

6.2.7 工作垫层材料、厚度、压实度应满足设计要求,平整度应满足地基处理垂直度需要。雨季施工时应根据降雨情况设置横坡等排水措施。

6.2.8 施工所用材料、半成品、成品均应检验合格或通过验收。

6.3 预制桩

6.3.1 预制桩施工方法和设备应符合下列规定:
1 预制桩施工可采用锤击法或静压法,城镇内路段宜采用静压法施工;
2 采用静压法时,每个工点均应进行压桩力率定;
3 采用锤击法时宜采用液压打桩锤并使用打桩自动记录仪,冲锤的冲击力不应小于设计单桩竖向极限承载力;
4 既有路基中预制桩施工宜采用长螺旋钻机或旋挖桩机等进行引孔。

6.3.2 管桩应设置封口型桩尖,并应采取措施避免泥砂等进入管桩内。

条文说明

工程实践表明,实际桩长不足是导致刚性桩复合地基滑塌、沉降过大的主要原因之一。管桩采用封口型桩尖可以避免泥土进入管桩内,利于采用吊锤法检测桩长、采用孔内摄像检测接头质量。

6.3.3 抱压式液压压桩机压桩作业应符合下列规定：
1 压桩机机架与配重之和宜大于单桩极限承载力的1.5倍。
2 预制桩单吊点位置应在0.3倍桩长处。
3 吊桩、喂桩过程中,压桩机严禁行走和调整。
4 管桩桩身两侧合缝位置应放在相邻夹具的空隙处。
5 桩位偏差不应大于5cm。
6 第一节桩插入地基0.5~1.0m时的偏差不应大于0.3%,压桩过程中垂直度偏差不宜大于0.5%。当桩身垂直度偏差大于0.8%时,应找出原因并设法纠正;当桩尖进入较硬土层后,不应用移动机架等方法强行纠偏。
7 压桩过程中应观察桩身混凝土的完整性,发现桩身裂缝或掉角时应停机、找出原因并采取改进措施。
8 压桩时的压入速度不宜大于1m/min。
9 整个压桩过程中不应浮机。
10 每一根桩应一次连续压到底,中间不应无故停歇。
11 压桩时应由专职记录员准确填写压桩施工记录表。

6.3.4 预制桩连接可采用焊接、法兰连接、机械快速连接(螺纹式、啮合式等)或硫黄胶泥锚固。预制管桩宜采用机械快速连接,预制实心方桩宜采用焊接或硫黄胶泥锚固接桩。

6.3.5 焊接接桩除应符合现行《钢结构焊接规范》(GB 50661)的相关规定外,还应符合下列规定:
1 管桩端板表面应用铁刷子清刷干净,坡口处应露出金属光泽;上下节桩的端面应紧密接触,错位偏差不得大于2mm。
2 焊接宜采用二氧化碳气体保护焊,焊丝宜采用ER50-6型。施焊时宜用两台焊机对称进行,焊缝应连续饱满;当风雨天作业时,应做好遮风挡雨的防护措施。
3 当采用手工电弧焊时,焊条宜采用E4303或E4316,其质量应满足现行《碳钢焊条》(GB/T 5117)的规定。
4 直径400~600mm的管桩手工电弧焊宜为2层3道,第1层焊缝应采用不大于$\phi 4$的焊条,且根部必须焊透,内层焊渣清理干净后方能施焊外一层,焊缝应连续饱满。
5 手工电弧焊施焊宜由两个焊工对称进行,两个焊工对焊管桩时间宜符合表6.3.5的规定。

表 6.3.5 两个焊工焊接时间

桩直径(mm)	300	400	500	600
双焊工焊接时间(min)	8～10	12～15	15～22	22～28

6 手工电弧焊的自然冷却时间不应少于 5min,二氧化碳气体保护焊的自然冷却时间不应小于 3min。

6.3.6 机械啮合接头宜符合下列规定:

1 下节桩桩头宜高出地面 1.0～1.5m。当地表以下有厚度 10m 以上的流塑淤泥土层时,桩头近地面处宜设置"防滑箍"。连接前上下节桩的端板应清扫干净。

2 下节桩连接槽孔注入沥青涂料前应清洁干净。端板周边应抹宽 20mm、厚 3mm 的沥青涂料;当地下水或地基土中等腐蚀、强腐蚀时,端板应涂满厚 3mm 的沥青涂料。

3 上节桩螺栓孔旋入连接销前应清洁螺栓孔、涂抹沥青涂料,并应用钢模型校正板调整好连接销的方位。

4 上节桩的各连接销应同时对准并插入下节桩的连接槽孔内。

6.3.7 预制桩桩长确定应符合下列规定:

1 预制桩采用静压法施工时,终压力不宜小于单桩设计竖向极限承载力。

2 采用锤击法施工时宜按试桩确定的收锤标准确定桩长。无试桩时,收锤标准可采用式(6.3.7)估算。

$$\Delta_{10} = \zeta \frac{10 L_F W_h}{Q_{uk}} \quad (6.3.7)$$

式中:Δ_{10}——最后 10 击的贯入度(cm);
  ζ——有效能量系数,可取 0.3～0.5,小锤取小值;
  L_F——冲程(cm);
  W_h——柴油锤冲击部分重量(kN);
  Q_{uk}——单桩竖向极限承载力标准值(kN)。

3 预制桩满足终沉标准后剩余桩段不长时宜将剩余桩段沉设完毕、减少截桩。

6.4 灌注桩

6.4.1 灌注桩成孔应符合下列规定:

1 灌注桩可采用沉管钻机、长螺旋钻机、旋挖钻机、地质钻机等成孔方法,应根据地质情况、桩型、设计承载力、施工环境等综合选择钻机类型和型号。

2 既有路堤中灌注桩应采用干钻,在地基中进行湿钻时应在路堤中设置套管,并设置防止污染路面的泥浆回收装置。

3 沉管钻机成孔时宜根据单桩承载力、试桩结果、工程经验等综合确定停止下沉的电流、电压值。

4 长螺旋钻机、旋挖钻机、地质钻机等成孔时,应记录地层分界深度,并应根据钻孔揭示的地质情况结合设计要求确定钻孔深度。

5 软基中筒桩沉管成孔时应采用向内侧套管挤土的桩尖。

6 TC桩沉管成孔时塑料套管可安装在桩尖后穿入沉管机套管内,利用沉管机套管将桩尖和塑料套管沉入到设计深度。

7 挤扩支盘桩应利用专用机械在持力层中扩孔。

8 成孔竖直度偏差不应大于1.0%。

条文说明

5 采用倾向内侧的桩尖可以使土体从内侧套管中挤出,减少了挤土效应。

6.4.2 混凝土应符合下列规定:

1 混凝土的材料及配合比应根据桩径、灌注方法、强度等级、地质条件等通过试验确定;

2 混凝土泵送时坍落度宜为160~200mm,集料粒径不宜大于30mm;料斗投放时宜为30~50mm,软土中宜采用较小的坍落度。

条文说明

2 混凝土坍落度越大,挤土效应越大。工程实践表明,即使采用长螺旋泵压法施工CFG桩,软土中充盈系数也可能超过2.0,因此软土地基中应采用较小的坍落度。

6.4.3 混凝土灌注应符合下列规定:

1 TC桩灌注混凝土前应检查塑料套管深度和破损情况。

2 沉管钻桩套管内灌满混凝土后应留振5~10s再振动拔管,一般土层中提管速度宜为1.0~1.2m/min,软土层中宜为0.3~0.8m/min。每拔出0.5~1.0m应停拔留振5~10s。

3 长螺旋钻孔管内泵压法施工应在钻杆充满混合料后开始拔管,混凝土泵送速度应与拔管速度匹配。

4 冬季施工时混凝土入孔温度不应低于5℃,必要时应对桩头采取保温措施。

5 施工桩顶高程高出设计桩顶高程不宜小于0.3m。

6 混凝土充盈系数不应小于1.0,超过1.5时应分析原因并采取措施。

6.4.4 钻孔灌注桩的钢筋笼下放时不应碰撞孔壁。沉管灌注桩、长螺旋钻孔管内泵压灌注桩的钢筋笼插设宜采用专用插筋器。

6.5 注浆桩

6.5.1 碎石注浆桩施工应符合下列规定:

1 碎石注浆桩宜采用钻孔→插入注浆管→投放碎石→自下向上注浆的施工顺序,也可采用钻孔→自下向上注浆→投放碎石的施工顺序。模袋桩应在投放碎石前与注浆管一起安装模袋。

2 钻孔应根据现场施工条件采用振动钻机、地质钻机等。

3 先投石后注浆时注浆管应插入孔底;先注浆后投石时宜利用直接钻杆注浆。

4 桩身设置钢筋笼(束)时,模袋桩宜在投放碎石前与模袋、注浆管一起安装钢筋笼(束);无模袋桩宜在碎石投放至钢筋笼(束)底面时安装钢筋笼(束)。

5 既有路堤范围内应采用潜孔钻机等进行干钻。在地基中宜采用可扩孔的钻具,路堤中应设置套管,并设置避免污染路堤的泥浆回收装置。

6 成孔竖直度偏差不应大于1.0%。钻孔时应记录地层分界深度,并应根据钻孔揭示的地质情况结合设计要求确定钻孔深度。

7 碎石充盈系数不应小于1.0,无模袋桩的充盈系数超过1.5时应分析原因、采取措施。

8 注浆应自孔底开始,直至孔口返纯水泥浆。

条文说明

碎石注浆桩示意如图6-1所示。

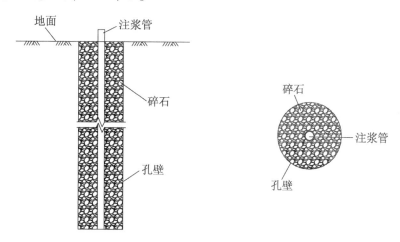

图6-1 碎石注浆桩

6.5.2 模袋注浆桩施工应符合下列规定:

1 模袋注浆桩宜采用钻孔→插入被模袋包裹的注浆管→自下向上注浆的施工顺序。

2 钻孔应根据现场施工条件采用振动钻机、地质钻机或潜孔钻机成孔。

3 既有路堤范围内应采用潜孔钻机等进行干钻,在地基中进行湿钻时应在路堤中设置套管,并设置避免污染路堤的泥浆回收装置。

4 钻孔竖直度偏差不应大于1.0%。钻孔时应记录地层分界深度,并应根据钻孔揭示的地质情况结合设计要求确定钻孔深度。

5 注浆管应插入至模袋底部。土层分界处应设置注浆分段点,注浆分段点处铁丝规格、道数等根据试桩结果和经验确定。两个相邻注浆分段点之间的模袋长度宜比分段点间距大1倍桩径。在设计桩顶高程以上0.5~1.0m处用铁丝扎牢。

6 注浆应自下而上进行。注浆量不应少于设计桩体积,且不同注浆段的每延米的平均注浆量宜相等。

条文说明

5 工程实践表明,模袋注浆分段越多,施工难度越大,分段点扎丝可能打不开的数量就越大,因此应尽量减少分段数,但是土层分界两侧土层种类或软硬程度不同,为利于不同深度处桩直径接近,土层分界面附近应设置注浆分段点。

6.5.3 花管注浆桩施工应符合下列规定:

1 花管注浆桩宜采用钻孔→插入钢花管或袖阀管→自下向上充填注浆→劈裂注浆的施工顺序。

2 钻孔应根据现场施工条件采用振动钻机、地质钻机或潜孔钻机成孔。

3 既有路堤范围内应采用潜孔钻机等进行干钻,在地基中进行湿钻时应在路堤中设置套管,并设置避免污染路堤的泥浆回收装置。

4 成孔竖直度偏差不应大于1.0%。钻孔时应记录地层分界深度,并应根据钻孔揭示的地质情况结合设计要求确定钻孔深度。

5 充填注浆时宜自孔底向上注浆直至孔口溢出净浆。跑浆严重的桩段可填砂后再注浆。

6 劈裂注浆时宜采用两端都有注浆塞的注浆枪分段注浆。

6.6 劲芯搅拌桩

6.6.1 劲芯搅拌桩宜采用专用加芯搅拌桩机施工。

6.6.2 劲芯搅拌桩的芯桩桩位与搅拌桩桩位偏差不宜大于20mm,垂直度偏差均不宜大于0.5%。

6.6.3 搅拌桩施工机械应符合下列规定:

1 应根据桩长、桩径、地质情况等选择搅拌机型号,壁状或格栅状布桩时宜采用双轴或三轴搅拌桩机;

2 单向搅拌钻头翼片不应少于4枚,双向搅拌钻头翼片不宜少于8枚,搅拌翼片末端与钻杆中心的距离不应小于桩半径;

3 浆喷搅拌桩配备的注浆泥浆泵工作压力不宜小于5.0MPa,粉喷桩配备的空压机工作压力不宜小于0.7MPa,送浆(粉)管路不宜长于60m;

4 浆喷搅拌桩机应配备浆量记录仪,粉喷搅拌桩机应配备粉体计量装置及搅拌深度

记录仪,搅拌桩机上的深度仪、流量计、电流表、电压表、压力表等应经国家计量部门标定;

5 每台喷浆搅拌桩机应配两个容积不小于$0.5m^3$的灰浆搅拌机,灰浆搅拌机主轴转速不应低于60r/min。

条文说明

1 我国搅拌桩施工通常不区分地质条件、桩长、桩身强度要求,普遍采用SP-5A18型搅拌桩机,导致部分工程搅拌桩无法满足设计要求。随着我国施工机械的不断发展,可选择的搅拌桩类型不断增多。为保证搅拌桩质量,应根据工程情况选择合适的搅拌桩机。

3 当喷浆(灰)量一定时,喷浆(灰)压力大的成桩质量好。所以提高国产搅拌机配备能力,是保证搅拌桩成桩质量的重要条件,因此建议搅拌机配备的泥浆泵工作压力不小于5.0MPa,空压机压力不小于0.7MPa。

6.6.4 搅拌桩施工应符合下列规定:

1 水泥浆搅拌时间不应小于4min,浆液搅拌均匀后应过筛,储浆池内水泥浆应持续搅拌,超过2h的浆液不应使用;

2 桩位偏差应小于5cm,垂直度偏差应小于1.0%;

3 单向搅拌桩应采用下沉、上提、下沉、上提的四次搅拌,双向搅拌桩应根据试桩确定下沉和上提次数;

4 搅拌头转速应与下沉、提升速度匹配,下沉、提升速度不宜大于0.8m/min,钻速不宜小于40r/min;

5 浆喷搅拌桩第一次下沉时喷浆不宜少于总喷浆量的60%,双向搅拌粉喷桩宜在第一次下沉时喷灰;

6 搅拌桩施工中因故停止时,若停机不超过3h,应将搅拌头下沉至停浆(灰)面1m以下进行搭接施工,否则必须在旁边补桩;

7 应定期检查搅拌翼片,翼片不应变形,磨耗量不应超过5mm。

6.6.5 预制芯桩施工应符合本指南第6.3节的规定,现浇芯桩施工应符合本指南第6.4节的规定。

6.6.6 芯桩应在搅拌桩的水泥终凝前施工完毕。

6.7 桩帽、连梁、筏板

6.7.1 桩帽、连梁、筏板施工时,刚性桩强度不应低于设计强度的80%。

6.7.2 桩帽、连梁、筏板施工应符合下列规定:

1 施工机械应避免挤压、破坏刚性桩;

2 刚性桩与桩帽、连梁、筏板连接的钢筋应按设计安装,桩体和钢筋进入桩帽、连梁、筏板的长度应满足设计要求;

　　3 桩帽、连梁宜同时施工;

　　4 桩帽中心与桩顶中心的偏差不宜大于2cm,桩帽顶面倾角不宜大于1°,相邻桩帽高差不宜大于5cm;

　　5 钢筋安装、混凝土浇筑与养护应满足现行《公路桥涵施工技术规范》(JTG F50)关于模板、钢筋、钢筋混凝土工程施工的要求。

6.8 褥垫层

6.8.1 褥垫层施工时刚性桩、桩帽、连梁的强度不应小于设计强度的80%。

6.8.2 褥垫层施工应符合下列规定:
　　1 褥垫层材料类型、粒径、级配、含泥量等均应满足设计要求,不应采用风化的材料;
　　2 褥垫层厚度、宽度、平整度等应满足设计要求;
　　3 褥垫层厚度不大于0.5m时,不宜分层施工;
　　4 褥垫层施工方法、施工顺序等应避免破坏桩帽、连梁、土工格栅等,垫层铺设机械宜在已施工的褥垫层上作业,垫层密实宜采用静力压实法。

条文说明

　　褥垫层采用砂、碎石等材料,易于压实。为减少对刚性桩、桩帽等的破坏,当褥垫层厚度不大于0.5m时,建议一次性施工褥垫层。

6.9 土工合成材料

6.9.1 铺设土工合成材料的基底应平整、压实,基底不应设置路拱,且不应存在凹坑及可能损伤加筋材料的尖锐物等。

6.9.2 加筋材料铺设应符合下列规定:
　　1 土工合成材料应横向铺设,加筋材料铺设宽度、端部锚固等处理措施应满足设计要求;
　　2 加筋材料应张拉平直、绷紧并按设计固定,严禁褶皱或松鼓;
　　3 加筋材料的搭接宽度、连接方式应满足设计要求,连接强度不应低于其抗拉强度。采用搭接法连接时,搭接宽度不宜小于0.3m。

6.9.3 加筋材料铺设后暴晒时间不应超过48h,加筋材料上面填料铺设时施工机械不宜直接碾压加筋材料,加筋材料上面填料厚度小于0.6m时不应采用重型压实机械压实。

7 质量检验与监测

7.1 一般规定

7.1.1 公路路堤刚性桩复合地基质量检验评定应符合现行《公路工程质量检验评定标准 第一册 土建工程》(JTG F80/1)的规定。

7.1.2 制订监测方案应收集下列资料：
1 新建路基应收集工程地质、水文地质、路基设计、周边环境、勘测网等资料；
2 既有路基改造工程尚应收集既有路基工程地质、路基设计、路基施工、施工期监控、工后监测、周边环境等资料；
3 运营期监控方案尚应收集路基施工、前期监控等资料。

7.1.3 路基设计或施工方案发生重大变更时，监测方案应相应调整。

7.2 质量检验

7.2.1 刚性桩复合地基检测宜以50m长路段作为1个工点，同一地貌单元内刚性桩复合地基路堤长度小于50m时应作为1个工点。

7.2.2 各种原材料的品种、规格、质量及混合料配合比和半成品、成品应符合有关技术标准规定并满足设计要求。每个批次、每种规格的原材料、半成品、成品均应检测合格。

7.2.3 刚性桩检测应符合下列规定：
1 灌注桩应在成桩28d后进行质量检验，预制桩宜在施工14d后进行质量检验。
2 应挖出所有桩头检验桩数，现场随机选取2%的桩检验桩距和桩径。灌注桩应结合充盈系数记录检查桩径。
3 刚性桩桩长检测应符合表7.2.3的要求。路堤高度超过极限填土高度的路段尚应满足每50m长新建路段不少于2根桩、拓宽路段不少于1根桩的要求。

表 7.2.3 桩长检测要求

工 况	低应变动测法	抽 芯 法	测 绳 法
预制实心桩	不少于 10%	—	—
预制管桩	不少于 5%	—	不少于 50%
实心灌注桩	不少于 10%	不少于 0.5%且不少于 3 根	—
现浇筒桩	不少于 10%	—	不少于 0.5%

4 应现场随机选取不少于 0.5%且不少于 3 根实心灌注桩抽芯检测桩身强度。路堤高度超过天然地基极限填土高度的路段尚应满足每 50m 长新建路段不少于 2 根桩、拓宽路段不少于 1 根桩的要求。

5 应现场随机选取不少于 0.2%且不少于 3 根刚性桩进行单桩静载试验或高应变动测试验,高应变动测试验应经单桩静载试验对比验证。路堤高度超过天然地基极限填土高度的路段尚应满足每 50m 长新建路段不少于 2 根桩、拓宽路段不少于 1 根桩的要求。

6 刚性桩动测试验宜给出桩身完整性和桩长的检测结果。

7 刚性桩抽芯检测应给出桩长、桩端土和桩身强度的检测结果。

8 管桩宜采用斜管仪检测桩身垂直度,检测频率不宜少于 10%,检测深度不应小于 6m。

9 管桩桩身完整性和焊接质量检测可采用孔内摄像进行检测,检测频率不宜少于 10%。

10 单桩极限承载力应选择垂直度偏差大的刚性桩检测单桩极限承载力。对于倾斜刚性桩,应挖出桩帽下面约 15cm 厚地基土后浇筑桩帽再进行静载试验。

条文说明

工程实践表明,刚性桩复合地基路堤滑塌、沉降过大的主要原因是施工质量差。为提高检测质量和作用,对检测提出较具体要求。

1 预制桩施工与检测间隔时间建议不小于 14d 的原因有:

1)刚性桩施工会导致软土孔压增大、强度降低,需要 14d 甚至更长时间消散孔压、恢复强度;

2)尽量缩短刚性桩施工与检测的间隔时间有利于保证施工工期。

2~5 刚性桩检测频率主要参考《公路软土地基路堤设计与施工技术细则》(JTG/T D31-02—2013),检测比例较大的主要原因为:

1)刚性桩间距大,单桩负责面积大,刚性桩不合格影响较大;

2)刚性桩间距大,桥头、涵洞等工点的刚性桩数量较少;

3)利用孔内吊锤法检测桩长具有经济、快速、可靠的优点,可以做到 100%覆盖,有效保证桩长。

8 利用施工记录检查垂直度效果不明显,在管桩桩孔内设置有定位装置的测斜管,利用测斜仪检测管桩倾斜度可以起到有效威慑作用。

9　孔内摄像不但可以根据接头渗水情况辅助判断焊接质量,而且可以观察接头错位、管壁裂缝等。低应变可以辅助检测桩长和接头焊接质量。

10　虽然垂直度偏差对刚性桩单桩竖向承载力往往不起控制作用,但是由于垂直度偏差会降低竖向承载力,因此应选择垂直度偏差大的桩检测承载力。为避免千斤顶倾斜,对倾斜桩建议先浇筑桩帽再进行荷载试验以保证桩顶能够承受竖直荷载。挖出桩帽下面约15cm厚地基土是避免桩间土受力。

推荐检测单桩承载力而不检测复合地基承载力的原因有:

1)由路基绕流滑动稳定分析可知,单桩竖向极限承载力对路基稳定性非常重要,设计需要明确单桩承载力要求,因此需要检测单桩承载力。

2)刚性桩复合地基表层往往有较厚的工作垫层、硬壳层等硬土层,复合地基静载试验压载板边长等于桩间距,远小于路基宽度和路基滑塌宽度,静载试验中桩间土的主要影响深度位于工作垫层、硬壳层等硬土层范围内,远小于路基滑塌深度,导致实测的复合地基承载力偏大。实践表明,单桩承载力满足要求时,复合地基承载力基本都满足要求;复合地基承载力满足要求时,单桩承载力不一定满足要求。

3)刚性桩是人工产品,对路基稳定性和沉降非常重要,其质量是工程关注和检测的重点。

4)单桩承载力检测难度小于复合地基承载力检测难度。

7.2.4　实测项目应符合表7.2.4-1～表7.2.4-5的规定,实测项目应现场随机选取测点。

表7.2.4-1　工作垫层实测项目

项次	检查项目	规定值或允许偏差	检查方法和频率
1△	高程或厚度(m)	满足设计要求	高程水准仪测量,厚度尺量,每个工点不少于9处
2	宽度(m)	满足设计要求	尺量,每个工点不少于3处
3	平整度(mm)	≤30	3m直尺,每个工点不少于9处
4△	压实度	满足设计要求	灌砂法或环刀法,每个工点不少于3处

注:△为关键项目;后同。

表7.2.4-2　刚性桩实测项目

项次	检查项目	规定值或允许偏差	检查方法和频率
1△	桩身强度	在合格范围内	符合本指南第7.2.3条规定
2	桩距(mm)	±100	尺量,每个工点不少于9处
3	桩径(mm)	不小于设计值	尺量,每个工点不少于9处
4	壁厚(mm)	不小于设计值	尺量,每个工点不少于9处
5△	桩长(m)	不小于设计值	符合本指南第7.2.3条规定
6△	单桩承载力	满足设计要求	符合本指南第7.2.3条规定

表 7.2.4-3 桩帽、连梁、筏板实测项目

项次	检 查 项 目	规定值或允许偏差	检查方法和频率
1△	混凝土强度	在合格范围内	制作混凝土试件进行抗压强度试验,每工点不少于1组
2	宽度(mm)	不小于设计值	尺量,每个工点不少于9处
3△	高度或厚度(mm)	不小于设计值	尺量,每个工点不少于9处
4△	主筋间距(mm)	±15	尺量,每个工点不少于9处
5	箍筋间距(mm)	±20	尺量,每个工点不少于9处
6	保护层厚度(mm)	+10,-5	尺量,每个工点不少于9处

表 7.2.4-4 褥垫层实测项目

项次	检 查 项 目	规定值或允许偏差	检查方法和频率
1	宽度(m)	不小于设计值	尺量,每个工点不少于3处
2△	厚度(mm)	不小于设计值	尺量,每个工点不少于9处

表 7.2.4-5 土工合成材料实测项目

项次	检 查 项 目	规定值或允许偏差	检查方法和频率
1	下承层平整度	满足设计要求	3m直尺,每个工点不少于9处
2△	搭接宽度(mm)	+50,0	尺量,每个工点不少于9处
3	搭接缝错开距离(mm)	满足设计要求	尺量,每个工点不少于9处
4	锚固长度(mm)	满足设计要求	尺量,每个工点不少于9处
5△	铺设平整度	鼓起小于10mm	尺量,每个工点不少于9处

7.3 刚性桩施工期间监测

7.3.1 刚性桩复合地基施工期间监测应符合下列规定:
1 具有挤土效应的复合地基施工时应监测路堤坡脚位移;
2 具有挤土效应的桩施工时,应监测路堤中线附近地表和已施工桩的隆起量;
3 复合地基邻近河流沟渠、湖泊边坡、建(构)筑物等时,宜对既有边坡、建(构)筑物进行沉降、位移、裂缝等监测;
4 工作垫层厚度较大、有滑移风险时,应监测坡脚水平位移、桩顶位移。

7.3.2 具有挤土效应的刚性桩复合地基加固既有路堤、建(构)筑物时,应对既有路堤、建(构)筑物进行沉降、位移、裂缝等监测。

7.4 路堤填筑期间监测

7.4.1 路堤施工期监测方案应包括监测内容、监测断面、测点、监测时间、监测频率、报

警标准等。试验段工程、异常路段应制订专项监控方案。

7.4.2 监测内容应符合下列规定：
1 监测内容应包括桩顶沉降、桩间土沉降、深层水平位移，宜监测桩顶土压力等；
2 管桩等空心刚性桩应监测桩身深层水平位移；
3 存在软土下卧层的路段宜监测深层沉降。

条文说明
1 路基滑塌前，刚性桩往往由于桩底刺入破坏、桩身倾斜或弯断等原因导致桩顶压力减小、桩间土压力增大，因此监测桩顶土压力有利于判断路基稳定性。

7.4.3 监测断面设置应符合下列规定：
1 高度超过路堤极限填土高度的路段监控断面间距不宜大于50m，且断面应设置在稳定性差的位置和方向；
2 桥头等差异沉降要求严格的路段监控断面不宜少于2个；
3 改扩建工程的既有路堤和拓宽路堤应同时设置监测断面。

7.4.4 测点布置应符合下列规定：
1 沉降监测点宜设置在路基中线、坡肩附近，路堤顶宽较小时可只设置在路肩附近。沉降板宜设置在加筋材料下方的桩顶和桩间土处。
2 深层水平位移监测点宜设置在坡脚附近，桩身深层水平位移监测点宜设在最外侧刚性桩桩身内。
3 土压力测点宜设置在坡肩附近的桩顶上、加筋材料下方。
4 路基横断面软土层厚度变化不大时，分层或深层沉降宜设置在路中线附近，否则宜布置在路肩附近。分层或深层沉降测点竖向间距宜为3～5m，地基压缩层内土层界面、加固区底面应设置测点。
5 路堤沉降监测点宜设置在路堤坡肩附近。

7.4.5 测点埋设应符合下列规定：
1 测斜管应进入地基处理深度以下的硬土层不少于1m或者进入压缩层以下不少于1m，并使1对滑槽处于垂直路堤方向。管桩内设测斜管时，测斜管与管桩之间应填满中粗砂。
2 土压力传感器埋设时应避免破坏加筋材料，一旦破坏应及时修复，使其强度达到原强度。
3 分层沉降环下限应满足最大沉降量要求，分层沉降管与路堤之间应设隔离管，分层沉降管应具有足够的抗压强度。
4 深层沉降标测杆外侧应设套管。

7.4.6 监测时间宜从工作垫层施工后开始,路面施工后结束。

条文说明

工程实践表明,不论何种施工顺序,挤土性刚性桩施工均会导致已施工刚性桩产生一定位移,对路基稳定性不利,监测刚性桩施工产生的位移有利于判断路基稳定性。

7.4.7 监测频率应符合下列规定:

1 高度超过路堤极限填土高度的路段,路堤填筑期间监测频率不应低于 1 次/d,填筑后 3 个月内监测频率宜为 1 次/7d,其后监测频率宜为 1 次/15d;

2 其他路段路堤填筑期间监测频率宜为 1 次/3d,填筑后 3 个月内监测频率宜为 1 次/7d,其后监测频率宜为 1 次/15d;

3 路堤填筑间歇期可减少监测频率,但每层填土监测不应少于 2 次;

4 监测结果达到报警标准时应加密监测。

7.4.8 刚性桩抗弯性能评估应符合下列规定:

1 刚性桩抗弯性能宜根据桩身水平位移-深度曲线的最小曲率半径等评估;

2 桩身水平位移-深度曲线的曲率半径宜根据深层水平位移监测资料采用一元四次方程曲线分段拟合后按式(7.4.8)计算。

$$\frac{1}{\rho} = \frac{\partial^2 v}{\partial z^2} \tag{7.4.8}$$

式中:ρ——桩身曲率半径(m);
v——桩身位移(m);
z——深度(m)。

7.4.9 出现下列情况之一时应对路基稳定性进行报警:

1 路基出现纵向裂缝;

2 路基外侧出现隆起现象;

3 桩顶土压力-路堤高度曲线出现明显拐点;

4 桩顶或桩间土沉降-路堤高度曲线出现明显拐点;

5 桩间土位移-路堤高度曲线出现明显拐点;

6 复合地基沉降速率、水平位移速率明显增大;

7 复合地基路基填土期间的总沉降达到软土厚度的 1.0%;

8 坡脚附近的刚性桩按式(7.4.8)计算的最小曲率半径小于式(7.4.9)计算的报警值。

$$\rho_a = 500 \frac{E_p I}{M_u} \tag{7.4.9}$$

式中:ρ_a——最小曲率半径报警标准(m);

E_p——桩身弹性模量(MPa);

I——桩身横截面面积惯性矩(m^4);

M_u——桩身极限抗弯承载力(kN·m)。

条文说明

  8 坡脚附近的桩开裂甚至断裂虽然不代表路基滑塌,但是说明复合地基水平位移较大,可以作为路基稳定性的报警标准之一。

7.4.10 总沉降和工后沉降应根据监测资料推算。总沉降宜按式(7.4.10-1)和式(7.4.10-2)推算。

  1 恒载阶段的监测数据应按式(7.4.10-1)拟合。

$$\frac{t - t_0}{S_t - S_0} = a_s + b_s(t - t_0) \quad (7.4.10\text{-}1)$$

式中:t_0——恒载阶段某时间点(d);

  S_0——对应t_0的沉降(mm);

  S_t——对应t的沉降(mm);

  a_s——拟合直线的截距(d/mm);

  b_s——拟合直线的斜率(mm^{-1})。

  2 最终沉降应按式(7.4.10-2)计算。

$$S_p = S_0 + \frac{1}{b_s} \quad (7.4.10\text{-}2)$$

式中:S_p——预压荷载对应的最终沉降(mm)。

7.5 工后监测

7.5.1 工后监测方案应包括监测内容、监测断面、测点、监测时间、监测频率、报警标准等。

7.5.2 监测内容选择应符合下列规定:
  1 路基稳定性存在疑虑的路段应监测路基沉降和水平位移;
  2 预测工后沉降超标的路段应监测路基沉降;
  3 路基附近进行开挖、堆载等作业的路段应监测路基沉降和水平位移。

7.5.3 工后监测断面应根据施工期监控成果、现场条件变化等因素确定,符合下列条件的路段应设置监测断面:
  1 路基稳定性存在疑虑的路段或附近进行开挖、堆载等作业的路段,监测断面间距不宜大于50m;

2 预测工后沉降超标的路段，监测断面间距不宜大于100m。

7.5.4 测点设置应符合下列规定：
1 沉降测点宜设置在路肩附近；
2 水平位移测点应设置在路基稳定性存在疑虑、靠近开挖或堆载作业一侧的坡脚附近。

7.5.5 监测时间应符合下列规定：
1 路基稳定性存在疑虑、工后沉降超标的路段监测时间应根据路基稳定性和工后沉降发展趋势确定；
2 路基附近进行开挖、堆载等作业的路段应监测至变形稳定为止。

7.5.6 监测频率应符合下列规定：
1 路基稳定性存在疑虑的路段监测频率应根据稳定状态确定，出现本指南第7.5.7条情况时每天监测次数不应少于1次。
2 路基工后沉降超标的路段通车初期宜每月监测1次，半年后宜每个季度监测1次。
3 路基附近进行开挖作业时每天监测次数不应少于2次，其他时间应1~3d监测1次；
4 路基附近进行堆载作业时每天监测次数不应少于1次，其他时间应每2~7d监测1次。

7.5.7 出现下列情况之一应进行稳定性报警：
1 路基或路面出现纵向裂缝；
2 路基外侧出现隆起现象；
3 沉降或水平位移加速发展。

附录 A 刚性桩复合地基桩土应力比

表 A-1 桩土应力比临界高度及最大桩土应力比

b/D	φ_f(°)	25					30					35					40				
0.4	D(m)	2.0	2.5	3.0	3.5	4.0	2.0	2.5	3.0	3.5	4.0	2.0	2.5	3.0	3.5	4.0	2.0	2.5	3.0	3.5	4.0
	H_c(m)	3.4	4.2	5.0	5.9	6.7	4.4	5.5	6.6	7.7	8.8	6.3	7.9	9.5	11.0	12.6	10.0	12.5	15.0	17.5	20.0
	n_{max}	8.2					13.7					24.3					47.1				
0.5	D(m)	2.0	2.5	3.0	3.5	4.0	2.0	2.5	3.0	3.5	4.0	2.0	2.5	3.0	3.5	4.0	2.0	2.5	3.0	3.5	4.0
	H_c(m)	4.1	5.1	6.2	7.2	8.2	5.8	7.2	8.7	10.1	11.6	9.1	11.3	13.6	15.8	18.1	16.6	20.7	24.8	29.0	33.1
	n_{max}	9.4					16.5					31.7					68.8				
0.6	D(m)	2.0	2.5	3.0	3.5	4.0	2.0	2.5	3.0	3.5	4.0	2.0	2.5	3.0	3.5	4.0	2.0	2.5	3.0	3.5	4.0
	H_c(m)	4.9	6.1	7.3	8.6	9.8	7.5	9.4	11.2	13.1	15.0	13.3	16.7	20.0	23.3	26.7	29.6	37.0	44.4	51.8	59.2
	n_{max}	11.2					21.4					45.8					116.6				
0.7	D(m)	2.0	2.5	3.0	3.5	4.0	2.0	2.5	3.0	3.5	4.0	2.0	2.5	3.0	3.5	4.0	2.0	2.5	3.0	3.5	4.0
	H_c(m)	5.7	7.2	8.6	10.0	11.5	10.0	12.5	14.9	17.4	19.9	21.5	26.9	32.2	37.6	43.0	62.2	77.7	93.3	108.8	124.3
	n_{max}	14.5					31.2					78.5					251.1				

注：b——桩帽边长；D——桩间距；φ_f——桩帽上 $2(D-b)$ 内填料综合内摩擦角；H_c——临界高度；n_{max}——最大桩土应力比。

表 A-2 桩土应力比

b/D	0.4					0.5					0.6					0.7				
D(m) h_f(m) \ n	2	2.5	3	3.5	4.0	2	2.5	3	3.5	4.0	2	2.5	3	3.5	4.0	2	2.5	3	3.5	4.0
3	6.5	3.8	2.1	1.1	1.0	5.1	3.0	1.8	1.0	1.0	4.5	2.7	1.6	1.0	1.0	4.7	2.9	1.7	1.0	1.0
3.5	8.9	5.6	3.5	2.2	1.2	6.9	4.4	2.8	1.8	1.0	6.2	3.9	2.5	1.6	1.0	6.4	4.1	2.7	1.7	1.0
4	11.5	7.5	5.0	3.3	2.2	8.9	5.8	3.9	2.6	1.8	7.9	5.2	3.5	2.4	1.6	8.2	5.4	3.7	2.5	1.7
4.5	14.1	9.4	6.5	4.6	3.2	11.0	7.3	5.1	3.6	2.5	9.8	6.5	4.5	3.2	2.3	10.0	6.8	4.7	3.4	2.4
5	16.8	11.5	8.1	5.8	4.2	13.1	8.9	6.3	4.6	3.3	11.6	7.9	5.6	4.1	3.0	11.8	8.2	5.8	4.3	3.2
5.5	19.6	13.6	9.8	7.2	5.4	15.2	10.5	7.6	5.6	4.2	13.5	9.4	6.8	5.0	3.8	13.7	9.6	7.0	5.2	3.9
6	22.5	15.7	11.5	8.6	6.5	17.5	12.2	8.9	6.7	5.1	15.5	10.9	7.9	6.0	4.5	15.6	11.1	8.2	6.2	4.7
6.5	25.4	18.0	13.2	10.0	7.7	19.7	13.9	10.3	7.8	6.0	17.5	12.4	9.1	6.9	5.4	17.5	12.6	9.4	7.2	5.6
7	28.4	20.2	15.0	11.5	8.9	22.0	15.7	11.7	8.9	6.9	19.4	13.9	10.4	7.9	6.2	19.5	14.1	10.6	8.2	6.4
7.5	31.4	22.5	16.8	13.0	10.2	24.3	17.5	13.1	10.1	7.9	21.5	15.5	11.6	9.0	7.1	21.4	15.6	11.8	9.2	7.3
8	34.5	24.9	18.7	14.5	11.5	26.7	19.3	14.5	11.3	8.9	23.5	17.1	12.9	10.0	7.9	23.4	17.1	13.1	10.2	8.2
8.5	37.5	27.2	20.6	16.1	12.8	29.1	21.1	16.0	12.5	9.9	25.5	18.6	14.2	11.1	8.8	25.4	18.7	14.3	11.3	9.1
9	40.6	29.6	22.5	17.6	14.1	31.4	22.9	17.5	13.7	11.0	27.6	20.2	15.5	12.2	9.8	27.3	20.2	15.6	12.4	10.0
9.5	43.8	32.0	24.5	19.2	15.5	33.8	24.8	19.0	14.9	12.0	29.7	21.9	16.8	13.3	10.7	29.3	21.8	16.9	13.4	10.9
10	46.9	34.5	26.4	20.9	16.8	36.3	26.7	20.5	16.2	13.1	31.7	23.5	18.1	14.4	11.6	31.3	23.4	18.2	14.5	11.8
10.5	50.1	36.9	28.4	22.5	18.2	38.7	28.6	22.0	17.5	14.1	33.8	25.1	19.4	15.5	12.6	33.3	25.0	19.5	15.6	12.8
11	53.3	39.4	30.4	24.2	19.6	41.1	30.5	23.6	18.8	15.2	35.9	26.8	20.8	16.6	13.5	35.4	26.5	20.8	16.7	13.7
11.5	56.5	41.9	32.4	25.9	21.1	43.6	32.4	25.1	20.1	16.4	38.0	28.4	22.1	17.7	14.5	37.4	28.1	22.1	17.8	14.6

续上表

b/D	0.4					0.5					0.6					0.7				
D(m)	2	2.5	3	3.5	4.0	2	2.5	3	3.5	4.0	2	2.5	3	3.5	4.0	2	2.5	3	3.5	4.0
h_f(m)									n											
12	59.7	44.4	34.5	27.6	22.5	46.0	34.3	26.7	21.4	17.5	40.1	30.1	23.5	18.9	15.5	39.4	29.7	23.4	18.9	15.6
12.5	63.0	46.9	36.5	29.3	24.0	48.5	36.3	28.3	22.8	18.6	42.3	31.7	24.9	20.0	16.5	41.4	31.3	24.7	20.0	16.6
13	66.2	49.5	38.6	31.0	25.4	51.00	38.2	29.8	24.0	19.7	44.4	33.4	26.2	21.2	17.5	43.5	32.9	26.0	21.1	17.5
13.5	69.5	52.0	40.6	32.7	26.9	53.5	40.1	31.4	25.3	20.9	46.5	35.1	27.6	22.3	18.4	45.5	34.5	27.3	22.3	18.5
14	72.7	54.6	42.7	34.5	28.4	55.9	42.1	33.0	26.7	22.0	48.6	36.8	29.0	23.5	19.4	47.5	36.2	28.7	23.4	19.5
14.5	76.0	57.1	44.8	36.2	29.9	58.4	44.1	34.6	28.0	23.2	50.8	38.4	30.4	24.7	20.5	49.6	37.8	30.0	24.5	20.4
15	79.3	59.7	46.9	38.0	31.4	60.9	46.0	36.3	29.4	24.3	52.9	40.1	31.7	25.8	21.5	51.6	39.4	31.3	25.6	21.4
15.5	82.60	62.3	49.0	39.8	32.9	63.5	48.0	37.9	30.8	25.5	55.1	41.8	33.1	27.0	22.5	53.7	41.0	32.7	26.8	22.4
16	85.9	64.9	51.2	41.5	34.5	66.0	45.0	39.5	32.1	26.7	57.2	43.5	34.5	28.2	23.5	55.8	42.7	34.0	27.9	23.4
16.5	89.2	67.5	53.3	43.3	36.0	68.5	52.0	41.1	33.5	27.9	59.3	45.2	35.9	29.4	24.5	57.8	44.3	35.4	29.0	24.4
17	92.5	70.1	55.4	45.1	37.5	71.0	54.0	42.8	34.9	29.1	61.5	46.9	37.3	30.6	25.5	59.9	45.9	36.7	30.2	25.4
17.5	95.9	72.7	57.6	46.9	39.1	73.5	55.9	44.4	36.3	30.2	63.7	48.6	38.7	31.7	26.6	61.9	47.5	38.1	31.3	26.3
18	99.2	75.4	59.7	48.7	40.6	76.1	57.9	46.0	37.6	31.4	65.8	50.3	40.1	32.9	27.6	64.0	49.2	39.4	32.5	27.3
18.5	102.5	78.0	61.9	50.6	42.2	78.6	59.9	47.7	39.0	32.6	68.0	52.1	41.5	34.1	28.6	66.1	50.8	40.8	33.6	28.3
19	104.4	80.6	64.0	52.4	43.8	81.1	61.9	49.3	40.4	33.8	70.1	53.8	43.0	35.3	29.7	68.1	52.5	42.1	34.8	29.3
19.5	104.4	83.3	66.2	54.2	45.3	83.7	64.0	51.0	41.8	35.0	72.3	55.5	44.4	36.5	30.7	70.2	54.1	43.5	35.9	30.3
20	104.4	85.9	68.4	56.0	46.9	86.2	66.0	52.6	43.2	36.3	74.5	57.2	45.8	37.7	31.7	72.3	55.8	44.8	37.1	31.3
20.5	104.4	88.6	70.6	57.9	48.5	88.8	68.0	54.3	44.6	37.5	76.7	58.9	47.2	38.9	32.8	74.4	57.4	46.2	38.2	32.3
21	104.4	91.2	72.7	59.7	50.1	91.3	70.0	55.9	46.0	38.7	78.8	60.6	48.6	40.1	33.8	76.5	59.1	47.5	39.4	33.3

注:b——桩帽边长;D——桩间距;h_f——桩帽以上填土高度。

附录 B 路堤边坡刚性桩弯矩计算简易方法

B.0.1 坡脚刚性桩受力和位移可简化为如图 B.0.1 所示，δ 宜取 0.3，β 宜取 0.0～0.3，v_m 可按式（B.0.1）计算。

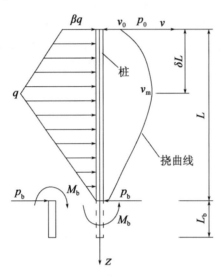

图 B.0.1 桩的受力和挠度

$$v_m = \frac{4S_{cs}(\psi_s - 1)W_b}{3L} \tag{B.0.1}$$

式中：v_m——地基最大水平位移（mm）；

S_{cs}——桩长范围内软土层底面以上地基固结沉降（mm）；

ψ_s——沉降修正系数；

W_b——路堤底面宽度（m）；

L——软土层底面以上桩长（m）。

B.0.2 桩身最大水平荷载集度和软土层底面桩身弯矩可采用式（B.0.2-1）和式（B.0.2-2）计算。

$$q = \frac{b_2 v_m}{a_1 b_2 - a_2 b_1} \tag{B.0.2-1}$$

$$M_b = \frac{a_2 v_m}{a_2 b_1 - a_1 b_2} \tag{B.0.2-2}$$

式中：$a_1 = \dfrac{L^4(-7+15\delta+10\delta^2-10\beta\delta^2-50\delta^3+40\beta\delta^3+45\delta^4-60\beta\delta^4-13\delta^5+40\beta\delta^5-10\beta\delta^6)}{360E_pI(1-\delta)} +$

$\qquad \dfrac{L(1+\delta+\beta\delta^2)}{6}[\delta_{vP}+\delta_{\theta P}L(1-\delta)]$;

$\qquad b_1 = \dfrac{L^2(2-3\delta+\delta^3)}{6E_pI} + \dfrac{\delta_{vP}+\delta_{vM}L+\delta_{\theta P}L(1-\delta)+\delta_{\theta M}L^2(1-\delta)}{L}$;

$\qquad a_2 = \dfrac{L^3(1-6\delta^2+2\beta\delta^2+8\delta^3-6\beta\delta^3-3\delta^4+6\beta\delta^4-2\beta\delta^5)}{24E_pI(1-\delta)} - \delta_{\theta P}\dfrac{L(1+\delta+\beta\delta^2)}{6}$;

$\qquad b_2 = \dfrac{L(\delta^2-1)}{2E_pI} - \dfrac{\delta_{\theta P}+\delta_{\theta M}L}{L}$;

$\qquad \delta_{vP} = \dfrac{1}{\alpha^3 E_pI}\dfrac{[B_3(L_b)D_4(L_b)-B_4(L_b)D_3(L_b)]+K_h[B_2(L_b)D_4(L_b)-B_4(L_b)D_2(L_b)]}{[A_3(L_b)B_4(L_b)-A_4(L_b)B_3(L_b)]+K_h[A_2(L_b)B_4(L_b)-A_4(L_b)B_2(L_b)]}$;

$\qquad \delta_{\theta P} = \delta_{vM} = \dfrac{1}{\alpha^2 E_pI}\dfrac{[A_3(L_b)D_4(L_b)-A_4(L_b)D_3(L_b)]+K_h[A_2(L_b)D_4(L_b)-A_4(L_b)D_2(L_b)]}{[A_3(L_b)B_4(L_b)-A_4(L_b)B_3(L_b)]+K_h[A_2(L_b)B_4(L_b)-A_4(L_b)B_2(L_b)]}$;

$\qquad \delta_{\theta M} = \dfrac{1}{\alpha E_pI}\dfrac{[A_3(L_b)C_4(L_b)-A_4(L_b)C_3(L_b)]+K_h[A_2(L_b)C_4(L_b)-A_4(L_b)C_2(L_b)]}{[A_3(L_b)B_4(L_b)-A_4(L_b)B_3(L_b)]+K_h[A_2(L_b)B_4(L_b)-A_4(L_b)B_2(L_b)]}$;

$\qquad A_2(z) = \sum\limits_{i=1}^{\infty}(-1)^i\dfrac{\prod\limits_{j=1}^{i}(5j-4)}{(5i-1)!}(\alpha z)^{5i-1}$;

$\qquad B_2(z) = 1+\sum\limits_{i=1}^{\infty}(-1)^i\dfrac{\prod\limits_{j=1}^{i}(5j-3)}{(5i)!}(\alpha z)^{5i}$;

$\qquad C_2(z) = \alpha z+\sum\limits_{i=1}^{\infty}(-1)^i\dfrac{\prod\limits_{j=1}^{i}(5j-2)}{(5i+1)!}(\alpha z)^{5i+1}$;

$\qquad D_2(z) = \dfrac{1}{2!}(\alpha z)^2+\sum\limits_{i=1}^{\infty}(-1)^i\dfrac{\prod\limits_{j=1}^{i}(5j-1)}{(5i+2)!}(\alpha z)^{5i+2}$;

$\qquad A_3(z) = \sum\limits_{i=1}^{\infty}(-1)^i\dfrac{\prod\limits_{j=1}^{i}(5j-4)}{(5i-2)!}(\alpha z)^{5i-2}$;

$\qquad B_3(z) = \sum\limits_{i=1}^{\infty}(-1)^i\dfrac{\prod\limits_{j=1}^{i}(5j-3)}{(5i-1)!}(\alpha z)^{5i-1}$;

$\qquad C_3(z) = 1+\sum\limits_{i=1}^{\infty}(-1)^i\dfrac{\prod\limits_{j=1}^{i}(5j-2)}{(5i)!}(\alpha z)^{5i}$;

$\qquad D_3(z) = \alpha z+\sum\limits_{i=1}^{\infty}(-1)^i\dfrac{\prod\limits_{j=1}^{i}(5j-1)}{(5i+1)!}(\alpha z)^{5i+1}$;

$\qquad A_4(z) = \sum\limits_{i=1}^{\infty}(-1)^i\dfrac{\prod\limits_{j=1}^{i}(5j-4)}{(5i-3)!}(\alpha z)^{5i-3}$;

$$B_4(z) = \sum_{i=1}^{\infty}(-1)^i \frac{\prod_{j=1}^{i}(5j-3)}{(5i-2)!}(\alpha z)^{5i-2};$$

$$C_4(z) = \sum_{i=1}^{\infty}(-1)^i \frac{\prod_{j=1}^{i}(5j-4)}{(5i-1)!}(\alpha z)^{5i-1};$$

$$D_4(z) = 1 + \sum_{i=1}^{\infty}(-1)^i \frac{i\prod_{j=1}^{i}(5j-1)}{(5i)!}(\alpha z)^{5i};$$

$$\alpha = \sqrt[5]{\frac{m_b b_0}{E_p I}};$$

b_0——桩的计算宽度(m)，$b_0 = 0.9(1.5d+0.5)$；

d——桩径(m)；

E_p——桩身材料弹性模量(kPa)；

I——桩身横截面惯性矩(m^4)；

$$K_h = \frac{m_b(L+L_b)}{\alpha E};$$

m_b——软土层以下硬土层水平地基系数的加权平均比例系数(kPa/m^2)。

B.0.3 桩顶集中力和软土层底面桩身剪力可采用式(B.0.3-1)和式(B.0.3-2)计算。

$$P_0 = \frac{qL(2-\delta+3\beta\delta-\beta\delta^2)}{6} - \frac{M_b}{L} \quad (B.0.3-1)$$

$$P_b = \frac{qL(1+\delta+\beta\delta^2)}{6} + \frac{M_b}{L} \quad (B.0.3-2)$$

式中：P_0——桩间土对桩顶端附近的阻力的简化集中力(kN)；

P_b——软土层底面以下桩段对上部桩段的水平力(kN)。

B.0.4 桩身弯矩采用式(B.0.4-1)~式(B.0.4-3)计算。

$z \leq \delta L$ 时，沿桩长的弯矩为：

$$M = P_0 z - \frac{1}{2}\beta q z^2 - \frac{1}{6\delta L}(1-\beta)q z^3 \quad (B.0.4-1)$$

$z \geq \delta L$ 时，沿桩长的弯矩为：

$$M = P_0 z - \frac{1}{2}\beta q\delta^2 L^2 - \frac{1}{6}(1-\beta)q\delta^2 L^2 - \frac{1}{2}(1+\beta)q\delta L(z-\delta L) - \frac{1}{2}q(z-\delta L)^2 + \frac{q(z-\delta L)^3}{6(L-\delta L)} \quad (B.0.4-2)$$

硬土层中弯矩为：

$$M = \alpha^2 E_p I(\delta_{vP} P_b + \delta_{vM} M_b)A_3(z-L) - \alpha E_p I(\delta_{\theta P} P_b + \delta_{\theta M} M_b)B_3(z-L) + M_b C_3(z-L) + \frac{P_h}{\alpha}D_3(z-L) \quad (B.0.4-3)$$

式中：$A_1(z) = 1 + \sum_{i=1}^{\infty} (-1)^i \dfrac{\prod_{j=1}^{i}(5j-4)}{(5i)!}(\alpha z)^{5i}$；

$B_1(z) = \alpha z + \sum_{i=1}^{\infty} (-1)^i \dfrac{\prod_{j=1}^{i}(5j-3)}{(5i+1)!}(\alpha z)^{5i+1}$；

$C_1(z) = \dfrac{1}{2!}(\alpha z)^2 + \sum_{i=1}^{\infty} (-1)^i \dfrac{\prod_{j=1}^{i}(5j-2)}{(5i+2)!}(\alpha z)^{5i+2}$；

$D_1(z) = \dfrac{1}{3!}(\alpha z)^3 + \sum_{i=1}^{\infty} (-1)^i \dfrac{\prod_{j=1}^{i}(5j-1)}{(5i+3)!}(\alpha z)^{5i+3}$。

附录 C 试桩和施工方案要求

C.1 试桩方案

C.1.1 试桩方案包括试桩目的、试桩地点、试桩数量及平面布置、施工设备、施工工艺、施工参数、检测项目、检测时间等。

C.1.2 工程概况应包括工程名称、工程地点、工程地质条件、路堤和地基设计情况等。

C.1.3 试桩目的应根据设计要求确定，试桩目的可包括以下之一或多个：
1 检验施工设备的适宜性；
2 检验成桩难度、成桩深度、灌注桩充盈系数、灌注桩成桩连续性等成桩可行性；
3 验证或确定刚性桩单桩承载力；
4 验证或确定预制桩锤击法施工的收锤标准等施工控制参数。

C.1.4 试桩地点宜选择在刚性桩长度、软土层厚度、软土含水率均具有普遍代表性的路段。不同路段地质条件差异较大时，宜分别选择试桩点。当验证或确定承载力时，试桩点处应有勘察孔。

C.1.5 试桩数量、试桩平面布置应根据设计要求、试桩目的等确定，且每个试桩点的试桩数量不宜小于3根。

C.1.6 试桩采用的施工设备、施工工艺、施工参数等均应与大规模施工相同。

C.1.7 检测项目、检测时间应根据设计要求、试桩目的、刚性桩类型等确定。验证或确定承载力时宜进行静载试验，验证成桩连续性时应抽芯或动测。

C.2 刚性桩施工方案

C.2.1 刚性桩施工方案应包括施工便道、工作垫层、雨季施工地表排水措施、每个工点的施工机械种类、施工机械数量与平面布置、施工顺序、施工工艺、施工参数、桩长控制方法、工期安排等。

C.2.2 施工便道宜设置在加固区外侧,并采取措施减少对刚性桩的挤压。

C.2.3 工作垫层厚度材料和厚度均应满足设计要求。垫层厚度超过设计要求时,应反开挖施工基础。

C.2.4 雨季施工时工作垫层面层压实度不宜小于90%,宜设置不小于0.5%的横坡,并在路基两侧设置临时排水沟。

C.2.5 应明确每个工点施工设备种类、数量,安排多套设备时各套设备应明确平面布置和施工方向等。

C.2.6 刚性桩施工顺序应满足设计要求,宜利用平面图、结合文字说明明确刚性桩施工顺序。

C.2.7 宜利用流程图、结合文字说明明确刚性桩施工工艺。

C.2.8 刚性桩施工参数宜根据试桩结果、工程经验等确定。

C.2.9 刚性桩桩长控制方法和控制标准应根据试桩结果给出。

C.2.10 刚性桩施工工期宜利用横道图或网络图给出。

附录 D 工程算例

D.1 刚性桩复合地基承载力计算

D.1.1 工程概况

某挡土墙基础宽 4m，基础埋深 2m。地基淤泥厚 17m，重度为 15.6kN/m³，不排水抗剪强度为 12kPa。淤泥下为软塑粉质黏土，桩侧阻力为 60kPa，桩端阻力为 2000kPa。

采用 C25 素混凝土桩复合地基，桩直径 $d=0.5$m，正方形布桩，桩间距 $D=1.5$m，桩长 20m。软土和粉质黏土的不排水抗剪强度 C_u 与桩侧阻力 q_s 相等。

D.1.2 单桩承载力特征值

土抗力控制的单桩极限承载力为：

$$Q_{uk} = 3.14 \times 0.5 \times (15 \times 12 + 5 \times 60) + \frac{3.14 \times 0.5^2}{4} \times 2000 = 1146 \text{kN}。$$

C25 混凝土轴心抗压强度设计值为 11.9MPa，由式（4.3.4）得桩身强度控制的单桩极限承载力为：

$$Q_{uk} = \frac{3.14 \times 0.5^2}{4} \times 11900 \times 0.9 \times 1.6 = 3363 \text{kN}。$$

因此，单桩承载力特征值为 $\frac{1146}{2} = 573$kN。

D.1.3 桩间土承载力

$$z_e = \frac{3B\sqrt{K_p}}{8} + \frac{Be^{\left(\frac{\pi}{4} - \frac{\varphi}{2}\right)\tan\varphi}}{8\sin\left(\frac{\pi}{4} - \frac{\varphi}{2}\right)} = \frac{3 \times 4 \times 1}{8} + \frac{4 \times 1}{8 \times \sqrt{2}/2} = 2.21\text{m}；$$

$$f_{sar} = f_{sa} - \frac{u_p}{2(A_u - A_p)} \sum_{i=1}^{n_s} q_{ski} l_i = 3.14 \times 12 + 2 \times 15.6 - \frac{3.14 \times 0.5 \times 12 \times 2.21}{2 \times (1.5^2 - 3.14 \times 0.5^2/4)} = 58.7\text{kPa}。$$

D.1.4 复合地基承载力

置换率 $m_p = 0.087$；

$$f_{spk} = m_p f_{pk} + (1 - m_p) f_{sar} = 0.087 \times \frac{573}{3.14 \times 0.5^2/4} + (1 - 0.087) \times 58.7 = 307.6\text{kPa}。$$

D.2 刚性桩复合地基路堤绕流滑动稳定分析和桩帽受力计算

D.2.1 工程概况

路堤顶宽33m,路堤高9m(包括路面和汽车荷载等效厚度),边坡坡率1∶1.5。采用PHC400C型管桩复合地基,正方形布桩,桩间距 $D=2.4$m,桩长25m,桩帽边长 $b=1.2$m,厚0.40m,桩帽混凝土等级强度为C30。桩帽以下工作垫层厚1m,重度 $\gamma_{fd}=18$kN/m³,黏聚力 $c_{fd}=15$kPa,内摩擦角 $\varphi_{fd}=15°$,桩侧摩阻力 $q_s=30$kPa;桩帽以上碎石褥垫层厚0.5m,重度 $\gamma_c=20$kN/m³,黏聚力 $c_c=0$kPa,内摩擦角 $\varphi_c=35°$。褥垫层以上填土重度 $\gamma_f=20$kN/m³,黏聚力 $c_f=20$kPa,内摩擦角 $\varphi_f=20°$。地基土层见表D.2.1。软土和粉质黏土的不排水抗剪强度 C_u 与桩侧阻力 q_s 相等。

表D.2.1 地层情况

序号	土层名	厚度(m)	重度 γ_s (kN/m³)	压缩模量 E_s (MPa)	极限侧阻力 q_s (kPa)	极限端阻力 q_p (kPa)
1	淤泥	6	15.6	1.2	12	—
2	淤泥	6	16.0	1.5	15	—
3	淤泥	6	16.3	1.8	18	—
4	粉质黏土	10	18.0	6.0	80	2500

D.2.2 土拱效应控制的荷载

由于褥垫层厚度小于桩帽净间距的2倍,因此按下式计算土拱高度范围内综合内摩擦角:

$$\tan\varphi = \frac{h_c\tan\varphi_c + [2(D-b)-h_c]\tan\varphi_f}{2(D-b)} = \frac{0.5\times\tan35 + [2\times(2.4-1.2)-0.5]\tan20}{2\times(2.4-1.2)} = 0.434;$$

因此 $\varphi=23.5°$。

根据本指南第4.2.3条计算 $H_c=4.514$m, $P_{pac}=377.5$kN, $R_p=\frac{P_{pac}}{\gamma_f H_c A_u}=\frac{378.8}{20\times 4.524\times 2.4^2}=0.727$。由于桩帽顶面等效填土高度为8m,大于 H_c,因此 $P_{pa}=\gamma_f h A_u R_p = 20\times(9-1)\times 2.4^2\times 0.727 = 669.1$kN。

D.2.3 计算安全系数 F_s

$Q_{uk}=3.14\times 0.4\times(1\times 30+6\times 12+6\times 15+6\times 18+7\times 80)+\frac{3.14}{4}\times 0.4^2\times 2500 = 1394.2$kN,预制管桩桩身强度不控制单桩承载力。

经试算，选择 $F_s = 1.677$，$F_s P_{pa} = 1.677 \times 669.1 = 1122.1 \text{kN}$。$P_p$ 应取 $F_s P_{pa}$ 与 Q_{uk} 中的小者，即 1122.1kN。

$$Q_s^n = \frac{Q_{uk} - P_p}{2} = \frac{1394.2 - 1122.1}{2} = 136.1 \text{kN}$$，中性面位于第二层软土顶面以下 0.42m 处。

$$m_p = \frac{\pi d^2}{4D^2} = \frac{3.14 \times 0.4^2}{4 \times 2.4^2} = 0.022$$。

由于桩帽顶面等效填土高度为 8m，因此 $P_u = D^2 h \gamma_f = 2.4^2 \times 8 \times 20 = 921.6 \text{kN}$。

$$\gamma_{fr} = F_s \gamma_f \frac{F_s P_u - P_p}{F_s P_u} = 1.677 \times 20 \times \frac{1.677 \times 921.6 - 1122.1}{1.677 \times 921.6} = 9.19 \text{kN/m}^3$$。

$$\gamma_{fdr} = F_s \gamma_{fd}(1 - m_p) + \frac{u_p \tau}{A_u} = 1.677 \times 18 \times (1 - 0.022) + \frac{3.14 \times 0.4 \times 30}{2.4^2} = 22.98 \text{kN/m}^3$$。

第一层淤泥修正重度 $\gamma_{sr} = \gamma_s(1 - m_p) + \frac{u_p \tau}{A_u} = 15.6 \times (1 - 0.022) - \frac{3.14 \times 0.4 \times 12}{2.4^2} = 12.64 \text{kN/m}^3$。

中性面以上第二层淤泥修正重度 $\gamma_{sr} = 16 \times (1 - 0.022) - \frac{3.14 \times 0.4 \times 15}{2.4^2} = 12.38 \text{kN/m}^3$。

中性面以下第二层淤泥修正重度 $\gamma_{sr} = 16 \times (1 - 0.022) + \frac{3.14 \times 0.4 \times 15}{2.4^2} = 18.92 \text{kN/m}^3$。

第三层淤泥修正重度 $\gamma_{sr} = 16.3 \times (1 - 0.022) + \frac{3.14 \times 0.4 \times 18}{2.4^2} = 19.87 \text{kN/m}^3$。

滑动面不会进入软土层下面的硬土层，因此软土层下面的硬土层不需要重度修正。

桩帽以下路堤填土黏聚力修正 $c_{fdr} = c_{fd}(1 - m_p) = 15 \times (1 - 0.022) = 14.67 \text{kPa}$。

第一层淤泥不排水抗剪强度修正 $C_{ur} = C_u(1 - m_p) = 12 \times (1 - 0.022) = 11.74 \text{kPa}$。

第二层淤泥不排水抗剪强度修正 $C_{ur} = 15 \times (1 - 0.022) = 14.67 \text{kPa}$。

第三层淤泥不排水抗剪强度修正 $C_{ur} = 18 \times (1 - 0.022) = 17.60 \text{kPa}$。

滑动面不会进入软土层下面的硬土层，因此软土层下面的硬土层不需要修正。

忽略刚性桩，路堤土采用 γ_{fr}、γ_{fdr}、c_{fdr}、c_f、φ_f，地基加固区采用 γ_{sr}、C_{ur}，其他区域采用 γ_s、C_u，利用理正岩土软土地基路堤、堤坝设计软件中"复杂软土地基路基设计"有效固结应力法得到安全系数 $F_f = 1.000$。

因此 $F_s = 1.677$。

D.2.4 桩帽弯矩计算

$P_u = 921.6 \text{kN}$，$a = 0.7d = 0.7 \times 0.4 = 0.28 \text{m}$。因此，桩顶范围内桩帽弯矩为：

$$M_c = P_u \frac{3\pi b - 8d}{24\pi d} = 921.6 \times \frac{3 \times 3.14 \times 1.2 - 8 \times 0.4}{24 \times 3.14 \times 0.4} = 247.77 \text{kN} \cdot \text{m/m}$$。

桩顶范围外桩帽弯矩为：

$$M_c = P_u \frac{b^2 + bd + d^2}{24b^2} = 921.6 \times \frac{1.2^2 + 1.2 \times 0.4 + 0.4^2}{24 \times 1.2^2} = 55.47 \text{kN} \cdot \text{m/m}_\circ$$

D.2.5 桩帽抗冲切验算

$$P_u [1 - (a + 2h_0)^2 / b^2] = 921.6 \times \left[1 - \frac{(0.28 + 2 \times 0.35)^2}{1.2^2}\right] = 306.9 \text{kN};$$

$$2.8 f_t (a + h_0) h_0 = 2.8 \times 1430 \times (0.28 + 0.35) \times 0.35 = 882.9 \text{kN}_\circ$$

因此，抗冲切能力满足要求。

D.3 路堤下刚性桩加固区沉降计算

D.3.1 工程概况

见本指南第 D.2.1 条，$m_p = 0.022$。

D.3.2 中性面深度

沉降计算不考虑汽车荷载的作用，因此路堤高度取 8m，桩帽以上路堤高 7m。由本指南第 D.2.2、D.2.3 条可知，$Q_{uk} = 1394.2 \text{kN}$，$R_p = 0.727$，$P_{pa} = \gamma_f h A_u R_p = 20 \times 7 \times 2.4^2 \times 0.727 = 586.3 \text{kN}$。$P_p$ 为 Q_{uk} 和 P_{pa} 中的小者即 586.3kN。

由于 $P_p + Q_{uk} = 586.3 + 1394.2 \text{kN} = 1980.5 > 2A_u p = 2 \times 2.4^2 \times (1 \times 18 + 7 \times 20) = 1820.2 \text{kN}$，桩底端不会刺入破坏。

根据本指南第 4.2.3 条计算得到 $p_{sc} = 51.0 \text{kPa}$；$Q_s^n = (A_u - b^2) p_{sc} = (2.4^2 - 1.2^2) \times 51.0 = 220.3 \text{kN}_\circ$

$$z_n = 1 + 6 + \frac{220.3 - 3.14 \times 0.4 \times (1 \times 30 + 6 \times 12)}{3.14 \times 0.4 \times 15} = 11.89 \text{m}_\circ$$

D.3.3 加固区沉降

桩间荷载集度为 $p_{sp} = 51.0 \times \frac{2.4^2 - 1.2^2}{2.4^2 - 3.14 \times 0.4^2 / 4} = 39.1 \text{kPa}_\circ$

第一层淤泥顶面 $\sigma_{s1} = p_{sp} + \gamma_f h_d - \frac{\pi d \Delta z_1 \tau_{u1}}{A_u - A_p} = 39.1 + 1 \times 18 - \frac{3.14 \times 0.4 \times 1 \times 30}{2.4^2 - 3.14 \times 0.4^2 / 4} = 50.4 \text{kPa}_\circ$

第一层淤泥底面 $\sigma_{s2} = 50.4 - \frac{3.14 \times 0.4 \times 6 \times 12}{2.4^2 - 3.14 \times 0.4^2 / 4} = 34.4 \text{kPa}_\circ$

中性面处 $\sigma_{s3} = 0 \text{kPa}_\circ$

$$K = \frac{Q_{uk} - Q_s^n}{P_p + Q_s^n} = \frac{1394.2 - 220.3}{586.3 + 220.3} = 1.455_\circ$$

第二层淤泥底面 $\sigma_{s4} = 0 + \frac{3.14 \times 0.4 \times 15 \times [6 - (11.89 - 1 - 6)]}{1.455 \times (2.4^2 - 3.14 \times 0.4^2 / 4)} = 2.6 \text{kPa}_\circ$

第三层淤泥底面 $\sigma_{s5} = 2.6 + \dfrac{3.14 \times 0.4 \times 18 \times 6}{1.455 \times (2.4^2 - 3.14 \times 0.4^2/4)} = 19.1\text{kPa}$。

桩底面 $\sigma_{s5} = 19.1 + \dfrac{3.14 \times 0.4 \times 80 \times 7}{1.455 \times (2.4^2 - 3.14 \times 0.4^2/4)} = 104.9\text{kPa}$。

加固区桩间土沉降计算结果见表 D.3.3。

表 D.3.3　加固区沉降计算表

序号	深度(m)	应力(kPa)	层中应力(kPa)	层厚(m)	压缩模量(MPa)	压缩量(mm)
1	0	50.4				
			29.4	6	1.2	212
2	6	34.4				
			22.6	5.89	1.5	67.5
3	11.89	0				
			25.4	0.11	1.5	0.1
4	12	2.6				
			37.7	6	1.8	36.2
5	18	19.1				
			85.0	7	6	72.3
6	25	104.9				
					桩间土沉降(mm)	388.1

加固区沉降 $S_1 = S_{1s}(1 - m_p) = 388.1 \times (1 - 0.022) = 379.6\text{mm}$。

D.4　路堤下刚性桩弯矩验算

D.4.1　工程概况

见本指南第 D.2.1 条。

D.4.2　弯矩计算

由本指南第 D.2 节可知 $W_b = 54\text{m}, d = 0.4\text{m}, L = 18\text{m}, L_b = 7\text{m}$。由本指南第 D.3 节可知 $S_{cs} = 315.8\text{mm}$。

δ 取 0.3, β 取 0.0, ψ_s 取 1.05, 可得：

$$v_m = \dfrac{4S_{cs}(\psi_s - 1)W_b}{3L} = \dfrac{4 \times 315.8 \times (1.05 - 1) \times 54}{3 \times 18} = 63.2\text{mm}$$

$E_p = 38\text{GPa}, t = 95\text{mm}, m_b = 6000\text{kPa/m}^2, \alpha = 0.670\text{m}^{-1}$。

由本指南第 B.0.2～B.0.4 条可得 $A_2 = -3.877, A_3 = 12.116, A_4 = 33.440, B_2 = -18.417, B_3 = -2.722, B_4 = 32.878, C_2 = -25.870, C_3 = -24.411, C_4 = 3.305, D_2 = -20.369, D_3 = -33.875, D_4 = -27.995, K_h = 5.9 \times 10^{-3}, \delta_{vP} = 0.18\text{mm/kN}, \delta_{\theta P} = 8.2 \times 10^{-5}\text{kN}^{-1}, \delta_{\theta M} = $

$5.9 \times 10^{-5} (kN \cdot m)^{-1}, a_1 = -0.02 kPa^{-1}, b_1 = 0.00 kN^{-1}, a_2 = 0.00 m^3, b_2 = 0.00 kN \cdot m^2, q = 2.65 kN \cdot m, M_b = 51.0 kN \cdot m, P_0 = 10.7 kN, P_h = 13.2 kN, M_m = 47.1 kN \cdot m$。

PHC400C 极限弯矩为 176kN·m，桩身抗弯能力满足要求。软土层桩身弯矩见图 D.4.2。

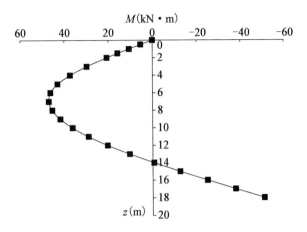

图 D.4.2 软土层桩身弯矩

本指南用词用语说明

1 为便于在执行本指南条文时区别对待,对要求严格程度不同的用词说明如下:
1)表示很严格,非这样做不可的:
正面词采用"必须",反面词采用"严禁";
2)表示严格,在正常情况下均应这样做的:
正面词采用"应",反面词采用"不应"或"不得";
3)表示允许稍有选择,在条件许可时首先应这样做的:
正面词采用"宜",反面词采用"不宜";
4)表示有选择,在一定条件下可以这样做的,采用"可"。

2 条文中指明应按其他有关标准执行的写法为"可按……执行"或"应符合……的规定"或"应按……执行"。